生命，
因家庭而大好！

數感邏輯力！

數理腦

德國小學的四則運算遊戲，
讓孩子輕鬆理解、有效學習！

수학원리를
제대로 배운 아이는
쉽게 계산합니다

車知惠（차지혜）著

劉宛昀 譯

奠定堅實的
數學思維基礎

「該怎麼讓孩子理解 14＋5 的意義呢？實在不懂他們為什麼會覺得困難。」

這是向我求助的學生家長實際吐露的煩惱——他們不知道該如何向小學一年級的子女解釋，並讓孩子理解這理所當然的道理。指導小學生數學時感受到自身能力的侷限而苦惱，並非什麼稀奇的事，真正令人驚訝的，是這位家長的職業是國中數學老師。連數學教育專家在教小學生時也會遭遇困難，更遑論一般的父母了。

然而，你知道在計算 14＋5 時，大腦會經歷什麼樣的過程嗎？

首先，必須先全面地瞭解數字與運算符號。在一一確認 14、加號與 5 的同時，也要認知到這是二位數 14 與個位數 5 的加法運算。在這過程中，進而理解到 14 是 10 加上 4 的值，因此它的十位數只有

1。接著確認好加號前後數值的個位數後，進行加法的運算——於是得到了 4 + 5 = 9 的值。綜合以上確認過的十位數與個位數後，就會導出 19 這個答案。對成人來說，這過程可能不用一秒就完成，但轉換成文字後感覺如何呢？由此可知，在運算時我們的大腦其實會經歷相當多的過程。

成人在指導低年級學童運算時會遇到困難的原因，正源自於此——他們不知道運算並不是件理所當然的事。運算數學所需的抽象思考能力，得等到小學三～四年級時才真正開始發展。然而，許多家長在教導低年級的子女時，經常是在以為「孩子能做到抽象思考」的錯誤前提之下教學的，這等於是不去考量小孩的認知發展程度，把他們當作成人對待的意思。把孩子當成大人般向他們說明概念，然後硬塞給他們試題，讓他們連意思都不瞭解就開始解題，並誤以為孩子算出了答案，就等於真的已經理解概念了。孩子學習數學的第一步就這麼走偏了，還能夠學好數學，或喜歡上數學嗎？

我以前也和那些家長一樣，嘴邊老是掛著「你連這都不知道？」、「這不是理所當然的嗎？」這些話，壓根就沒想到「應該要從孩子的角度去解釋」。曾經是那樣的我，在接觸了德國課本的四則運算學習法後改變了想法。

德國教科書為了讓孩子奠定、發展扎實的數學思維力，以平易近

人的方式引導學生，讓我讚嘆不已。首先，德國教科書是依據孩童大腦的發展進程，縝密規劃而成的。孩子先接觸看得見、摸得到的具象實物，最後再學習抽象數字與符號；在這個過程中，他們自然而然養成了對數字的感覺，並開始深入認識運算的概念。因為課本不只是教如何計算，而是讓學生持續思考運算這件事，進而培養他們的後設認知（認知到自己的知與不知）。不僅如此，德國課本還預留了讓學生發現課程缺漏、能夠自行補充的空間。自然數運算的最後一個階段是三位數除以二位數，無論在德國或韓國，這都是四年級的課程。目標雖是一致的，但為何韓國的小學生覺得數學很困難，而德國的小學生會認為數學很容易，還算應付得來呢？答案就在德國的教科書裡。如果讀過德國的課本，就會明白為何德國的孩子，無論是對數學的自信或興趣，在全世界都是名列前茅的。

我把和孩子一起研讀過的德式四則運算學習法實際分享給向我諮詢的家長後，確認了一項事實──按照德國課本學習的孩子，能夠養成與眾不同的數感。他們能自由地將數字分解、合成，能掌握數字間的關係，還能駕馭數字。而這樣的能力，將是往後運算複雜數學的基礎。本書中介紹的小學低年級運算，並不是孩子必須加緊學習、趕上進度的部分，而是孩子在未來 12 年間將奠定下來的，我們稱之為「數學」的建築基礎工程。

書中包含了德國小學二年級以下的四則運算課程，為了讓每個人

都能以簡單的方式教導孩子，我將盡可能地仔細介紹，也會將實際指導小孩時說明的內容作為範例供參考。

首先，請父母先不用顧慮孩子的年紀和學習進度，把這本書從頭到尾快速地讀一遍，以掌握德國課本中四則運算學習法的整套流程。接著，再從符合孩子目前學習進度的部分，深入地讀完第二遍，以便在指導孩子時能活用這些內容。在放假期間，可採用此學習法複習上個學期的課程，或當作預習新學期課程的方法。我也推薦在學期中，可採用此方式配合學校進度做複習和預習，而且當三年級以上孩童需要加強學習時也適用。

我期盼閱讀了這本書的讀者，也能獲得我和孩子們在接觸德式四則運算學習法後大幅成長的經驗。

CONTENTS

在德國，
學生是怎麼學習數學的呢？

原來，
我們輕忽了運算

那些認爲數學很難的孩子

你還記得小學時是怎麼學習數學的嗎？尤其是四則運算——我想大概和我差不多吧：「1 加 1 等於 2，本來就是這樣！」老師以這種方式對學生強行灌輸運算的概念，然後將寫滿數學符號的紙張發給大家當作業。現在回想起來，因為透過這種方式被迫學習，當然不可能覺得數學有趣。

受過這種數學教育的人，長大後就會萌生「我不想讓孩子接受這種數學教育」的想法。於是以學齡前兒童和小學生為對象的數學教育，開始出現新的潮流。教科書中導入具有故事性的數學，藉由日常中的故事說明抽象的數學概念，不僅讓數學變得更容易學，也幫助各種不同程度的學生理解。還有像是數學思維教學，以及透過親手操作、幫助學生理解原理的教具，都有了長足的發展；也有許多以遊

戲般饒富趣味的方式、讓人熟悉數學的桌遊等，這些都是優秀的輔助工具。但是數學運算呢？說到運算，會先想到什麼呢？就是充斥著數學題目的考卷。父母雖然聽從建議，讓孩子透過閱讀數學故事學習數學原理，並培養數學思維，但最終似乎仍少不了讓他們寫數學試卷。於是家長又買了各式各樣據說對理解原理、養成運算習慣有幫助的解題試卷，然而孩子一看到試卷就感到厭煩；而父母也很疑惑孩子為何如此反感，於是親子間開始了漫長的衝突。運算雖然是數學的基礎，但對父母來說卻是最難教孩子的部分。

對孩子而言也一樣，他們異口同聲地表示「數學運算」是最困難的單元。教育機構 i-Scream 在 2015 年、以超過 2 萬名學童為對象進行調查後，發現小學一～二年級學生中，高達 67% 表示運算是最困難的；三～六年級學生中，也有 32% 認為運算最困難。低年級生畢竟剛開始學習，會認為運算不容易還算正常，但連正在學習進階課程的孩子也認為「運算最困難」，這就有問題了。因為這意味著即使他們從學齡前便開始一路努力學習，運算依舊令他們感到挫折。假如運算能力不夠扎實，孩子也不會有意願繼續探索其他更艱深的領域。

小學生認為最重要的部分是運算，但運算對他們來說仍舊很困難，這不是很諷刺嗎？

運算，是數學的基礎工程

為什麼在小學低年級徹底掌握運算很重要呢？最主要的原因，是此時學到的重要觀念，將會成為小學高年級，甚至是國高中時期數學能力的基礎。低年級時學習的運算概念，將在往後學習進階概念時派上用場。事實上，我們甚至找不到和運算毫無關聯的部分──也就是說，**學生必須學好運算，以後才能確實地吸收更困難的課程**。

而第一個關卡，就是三年級時學生第一次接觸到的「分數」。有人曾說過，第一次產生想放棄學習數學的念頭，就是學到分數的時候。根據韓國教育課程評價院所發表的《小學‧中學學習成效低落之學生成長過程研究》（2018），針對 50 位學習成效不佳的學生進行研究，結果幾乎所有學生提到的數學難關都與「分數」有關。這項研究計畫特別到許多課堂上親自觀察，在學生實際學習、教師向學生再行確認過後，仍然有半數以上的學生表示他們不會分數的減法運算。

看到孩子在學習分數時感到如此困難，連教師也不知道該如何教分數而吃盡苦頭，就知道分數是個多大的障礙了吧？

在學習分數之前所需要的過程，就是合成、分解、分組計數和除法，如此一來才能將「1/2」理解為「1 平分為 2」的值，或是「把 1

分為兩個等份中的其中一份」。然而，大部分學生都運用背得朗朗上口的九九乘法，一下子就解完題，而忽略了這段過程。於是，他們難以理解分數的意義，在計算分數時，通分與約分也就變得相當困難。

在德國，合成、分解、分組計數是絕對不會受到忽視的運算概念，學校會讓學生練習在各種情況下對各種數字進行加總和分解的運算，從運用實物、數線、貼紙到說故事遊戲等多元的方式，課程十分豐富。剛開始會利用圖像，幫助學生在腦中簡單地爬梳數學概念，接著以數線、算式這樣的順序，階段式地慢慢帶出除法的內容。在這過程中，還會貼心地先排除九九乘法，盡力地將除法概念解釋清楚。如此培養好識讀數字的能力和數感的孩子，即使遇到了分數也不會驚慌失措。

運算，也是影響成績的重要關鍵。我在小學低年級子女的諮商面談中，聽了中學數學老師的經驗談；他表示經常會另外替成績在特定水平以下的孩子進行課業輔導，而他們都一致認為運算很困難，也很難學得好。

不僅如此，一些想朝著頂尖邁進、成績中上的學生，也常因為運算而遭遇阻礙。不只是頻頻計算錯誤，也有學生是運算速度緩慢，導致考試時因時間不足而無法解完所有試題並仔細檢查，所以未能

在成績上反映出真正的實力，真是相當可惜。

我曾輔導過能獨立解開最高難度試題、相當擅長數學的國小三年級生，由於他對高難度的概念已理解得很透澈，因此能正確地寫出算式，不過在進行如 18×31 如此單純的計算時，卻花費許多時間。

相反地，按照德國課本方式學習的孩子，卻僅需幾秒即可算出這類題目的解答，這是因為他們懂得將 18×31 轉換為 18×30＋18×1 再計算的緣故。由於他們已經養成了敏銳的數感，所以能更輕鬆、迅速地進行這類型的心算。此外，德國的教科書也不斷強調「推估」這點。課程中會讓學生先練習思考「這道算式的答案大約會是多少呢？」再導出算式的答案。如此一來，即便計算出錯了，也能立刻發現問題。因為學生已知 18×30 的答案會比 20×30 的值更小，所以如果計算出 640 的結果，就能察覺到異常，再檢視一次計算過程。這是在實際考試時，非常有助於減少失誤的重要直覺。

如此依循德式學習法運算的學童，由於能正確算出解答，因此還有時間再檢查一次。若思考解題方式的時間花得比別人少，失誤自然會減少，成績也會考得更好。

運算能力取決於學習數學時的情緒

此一時期所形塑對運算的情緒，也會持續影響往後數學的學習，這也是運算之所以重要的原因之一。

韓國教育顧問林作家（임작가）在其著作《完全學習聖經》（완전학습 바이블，暫譯）中寫道：「成績取決於『學業情緒』。」

「學業情緒」是我們在腦中想起「學習」時所產生的平均情感狀態，這是面對學習時的情緒經驗在反覆累積後所形成，從腦科學的角度來看也是正確的。因為掌控情感的大腦邊緣系統，會直接影響負責處理資訊的大腦皮質，所以若邊緣系統活化，那麼大腦皮質也會隨之活化。意即人感到愉快時，處理資訊與解決問題的能力也會隨之提升，而憂鬱時則相反。也就是說，當「學習」這項理性的行為與快樂的情緒同時發生時，我們將能獲得最大的學習效果。

那麼對數學而言，培養學業情緒的起點是什麼時期呢？我認為是國小低年級時期。雖然這是理所當然的道理，不過我們總得踏穩第一步，往後才能走在正確的道路上。此外，若想培養對數學的正向情感，累積學習成就感是很重要的，而在整個 12 年的教育過程中，最容易達到此目標的正是國小低年級時期。

如果說「小學低年級時學習到的數學，其實就等於運算」也不為

過。當然，運算並不等於數學，不過這時期所學習到的數學，運算所佔的比例很重。因此，如果在此時期未能學好數學，而累積了對運算的負面情感，那孩子心裡會怎麼想呢？「數學好難」、「我學不好數學」這樣的負面想法自然會隨之而來，而這些念頭將會對孩子往後面對數學的態度帶來重大的影響。

坦白說，即便不大篇長論運算之所以重要的原因，大部分的家長也已認知到它的重要性；光是看見市面上無數的試題本，就知道大家是多麼重視運算了。然而，我們的孩子現在是如何學習至關重要的數學運算呢？

2019 年，從全世界的國小四年級與國中二年級生數學與科學教育成就趨勢調查（TIMSS 2019）來看，多少能發現有些矛盾的結果。首先，從韓國學生的數學成績說起，國小四年級生與國中二年級生在全體學生裡位居第三，名列前茅；然而，韓國學生對數學的感興趣程度與自信度卻敬陪末座——國小四年級生的數學自信心，在 58 個國家中位居第 57 名，對數學的興趣也是第 57 名。國中二年級生也一樣，他們對數學的興趣在 39 個國家中是倒數第一，數學自信心則是第 36 名。全世界的國小四年級生中，表示不喜歡數學的孩子佔 20%，國中二年級生中不喜歡數學的佔 41%。而韓國的比例卻明顯地高於平均值，國小四年級生有 40%、國中二年級生有 61% 表示他們不喜歡數學——這樣的反應令人難過，卻不意外。

這意味著什麼呢？我的分析如下：亞洲的填鴨式數學教育，讓學生在國小到國中階段，即便不懂原理、不感興趣，但只要掌握重點，就能展現出一定的成果。然而，因為學生學得很挫折，沒能培養真正重要的數學思維，所以他們只覺得數學是無趣的、困難的。這是否代表他們在升上高中後，會因為數學概念變複雜，且必須更倚重運算的能力，而跟不上學習進度，最終成為放棄數學的「棄數生」呢？

因此，孩子必須把運算學好。運算是所有數學領域的基礎，將會決定學生面對數學的態度，最後將影響他們的數學成績——這就是孩子採用何種方式學習運算之所以至關重要的原因。

運算能力吊車尾的孩子，來到德國卻開竅了！

也曾放棄數學的媽媽

坦白說，我也放棄了數學，甚至沒意識到自己放棄了數學。讀小學時，我只有在考試期間勉強死背；從國中開始，上課時我幾乎在打瞌睡。升上高中後，數學課堂上我都在睡覺；高三時上共同數學 * 時，我才翻開了高一課本，整本書還維持地平平整整的呢！

我對數學的第一個記憶是關於背誦九九乘法，這也成了我對數學的第一印象。小學二年級時，因為背不好九九乘法，放學後還進入課後班繼續背，必須正確地回答老師隨機出的問題後才能回家。

* 韓國高中數學分為共同數學、數學 I、數學 II

為此感到很苦惱的媽媽，因而申請了數學家教課。剛開始我也積極地完成老師出的作業，不過隨著運算越來越複雜，讓我每天花在指定試題上的時間越來越長，作業越積越多；也曾等到老師來訪那天，才用計算機一口氣算完所有題目。幾個月後，因為覺得很厭煩，我甚至連碰都不碰那些作業，乾脆把它藏在衣櫃裡。最後，媽媽在整理衣櫃時發現了一堆沒有寫的作業，一氣之下就中斷了數學家教課。

那為期一年的數學家教課，對我來說實在真的太可怕了。學習令人討厭的數學是很煎熬沒錯，但令我感到極其不堪的，其實是每次都無法完成作業的自己。大約在家教課中斷前後，我對數學和讀書的自信心皆跌落到谷底。滿腦子只有「唉，我真是沒用」的念頭。

由於這段記憶實在太過深刻，於是我結婚、生子後便下了一個決定——不能讓孩子也變得像我一樣討厭數學。換句話說，即使無法讓孩子喜歡上數學，至少也別讓他們對數學反感。

孩子面臨了步上媽媽後塵的危機

從老大出生後到五歲以前，我好好地守住了對自己的承諾，運算試題本這種「可怕的東西」我連看都沒看，也把數學家教課這種事

從大腦中抹去。我改用和孩子一起閱讀「看故事學數學」套書，以及動手製作可把玩的教具等方式教學。孩子在韓國學到的運算，就只有當時幼兒園所教授的程度而已。

當然，我也曾動搖過。老大六歲時，幼兒園裡的媽媽圈已開始討論數學家教課了，說假如孩子不上這些課程，進入小學後將很難跟上進度；孩子的同學一個個開始上數學家教課，而我又從媽媽們口中聽到各種意見，不知不覺焦急了起來。結果，我還是預約了數學家教課的課前能力測驗，甚至付清了一個月份的學費。不過在審慎考慮了幾天以後，我認為讓孩子接受自己曾經很厭惡的課程，實在是沒道理，於是再次打了電話，向對方鄭重道歉，並取消預約——我的教育哲學就是如此堅定。

不過後來我先生進入有「諾貝爾獎士軍官校」之稱的馬克斯普朗克研究院攻讀博士學位，於是我們一家子便移居到德國。當時老大七歲，在去德國前接受了魏氏智力量表測驗，結果發現他在數學運算方面的能力相對低落。

據執行測驗的老師說，他幾乎沒練習過運算，而即使聽了這番話，我也壓根沒要求他練習運算的想法。我們就這樣來到了德國，老大也立即就讀當地小學；在德國，小孩是滿六歲時開始讀小學的。

由於孩子從一年級到二年級的上半學期都忙於學習德語，所以其

他科目全擱在一旁，自然也無心學數學了——畢竟在那樣的情況下只能如此。

然而，老大剛進入二年級下學期，新冠肺炎疫情就在全球爆發開來，學校因此關閉，我也必須待在家陪伴孩子學習。學校只會給我們教案與每週必須完成的作業清單，剩下就是我的工作了。由於我對德語也很生疏，無法仔細確認教案，只能在翻譯機與他人的協助之下加以理解，掌握當下孩子必須學習的科目與課程重點，並開始教導孩子。我教他的第一個數學單元，正是九九乘法。當時我是怎麼教的呢？我自認為教數學根本不需要看教案，所以直接印了一大張九九乘法表貼在牆上，要求孩子背起來——那就是我過去學習九九乘法的方式。

「聽說外國小孩都不太會背九九乘法，我們家的小孩如果能倒背如流，上課的時候大家應該會嚇一跳吧？我要讓大家瞧瞧韓國人的潛力！」當初我是抱著這個想法的。

我忽略了自己就是因為辛苦地死背九九乘法，最後變得很討厭數學，也忘了我已和自己約定好「至少別讓孩子討厭算數學」。但面對新冠肺炎疫情這種特殊情況，我終究是丟出了讓孩子反覆、機械化算數學的這張卡。

採取這種方式，孩子當然無法將九九乘法背好，即便持續要求

他記起來，他依舊在原地踏步。過了三天、四天、一個星期……孩子仍舊背不好九九乘法，我的火氣也越來越大。他在這時期總是把「討厭數學」掛在嘴邊，而我因為無法理解他，內心充滿了憤怒：「為什麼花一整天背一段九九乘法會這麼困難？」、「這麼理所當然的東西為什麼做不到？」我完全只從大人的角度反覆思考。尤其在他背誦 6 段的時候，我的情緒差點就爆發了。為了分散注意力，還刻意做家事讓自己冷靜下來，盡力避免對老大發洩我的怒氣。

德國教科書令人眼睛一亮

我就這樣一邊打掃一邊平息怒氣，結果在客廳書櫃發現了一封連開都沒開過的信封，那就是老師給的數學課程教案。因為自認為很熟悉九九乘法，所以不需要看的教案，這時忽然引起了我的注意。我稍微瞄了裡頭一眼，有一張經過護貝的紙卡，我出於好奇而取出一看，發現是張只寫了 1、2、5、10 乘積的九九乘法表。

剛開始我狐疑了一下，心想：「咦？這是什麼？」但因為老大的進度一直停滯不前，所以我抓住了這最後的一根浮木，心想「畢竟是老師給的資料，應該會有些用處吧！」於是，我在翻譯機的幫助下，開始細讀這份教案。

原來這是
九九乘法的基礎！

1段 基準值	10段 基準值	5段 基準值	2段 基準值	4段 基準值
1×1=1	10×1=10	5×1=5	2×1=2	4×1=4
1×2=2	10×2=20	5×2=10	2×2=4	4×2=8
1×5=5	10×5=50	5×5=25	2×5=10	4×5=20
1×10=10	10×10=100	5×10=50	2×10=20	4×10=40
1×1=1	1×10=10	1×5=5	1×2=2	1×4=4
2×1=2	2×10=20	2×5=10	2×2=4	2×4=8
5×1=5	5×10=50	5×5=25	5×2=10	5×4=20
10×1=10	10×10=100	10×5=50	10×2=20	10×4=40

8段 基準值	3段 基準值	6段 基準值	9段 基準值	7段 基準值
8×1=8	3×1=3	6×1=6	9×1=9	7×1=7
8×2=16	3×2=6	6×2=12	9×2=18	7×2=14
8×5=40	3×5=15	6×5=30	9×5=45	7×5=35
8×10=80	3×10=30	6×10=60	9×10=90	7×10=70
1×8=8	1×3=3	1×6=6	1×9=9	1×7=7
2×8=16	2×3=6	2×6=12	2×9=18	2×7=14
5×8=40	5×3=15	5×6=30	5×9=45	5×7=35
10×8=80	10×3=30	10×6=60	10×9=90	10×7=70

什麼？只讓孩子從 1 段開始，而且是只要瞭解 1、2、5、10 的乘積就好？還要告訴他 1 乘以 2 和 2 乘以 1 是一樣的？為什麼？而且接在 1 段後面的不是 2 段，竟然是 10 段？

說也奇怪，連我都不知不覺地沉浸在教案的說明中。閱讀完後，我下定了決心：

「我要按照這種方式教孩子！這樣學習的話，至少不會覺得數學難了吧！」

隔天起，我就馬上依照教案試著教孩子數學，效果如何呢？結果老大說：「媽媽，九九乘法好簡單哦！」多麼讓人感動啊！

在介紹九九乘法的第 5 章會更詳盡地解釋，不過這是一個從十進位概念開始，循序漸進掌握數字的學習法。假如數字感覺起來沒有脈絡可循，孩子就會害怕學習九九乘法，所以大多數的學童都認為 7 段最困難，而 8 段和 9 段反而簡單一些。我連這點洞察力都沒有，就讓孩子從 2 段開始盲目地背下去，他自然不可能學得好。而德國課本的方式，是以學童更能直接理解的數字 1、2、5、10（這稱為九九乘法的基準值；仔細看，前面三個數字都是 10 的因數）以及其他數字間的關係開始學習，接著再慢慢進入更難的數字、更難的段。結果，老大僅在短短幾天內，就奇蹟似地將九九乘法背起來了。

自此以後，我們就老老實實地依照課本和教案學習了。隨著進

度的推進，我越來越認同德國課本和教案中的教學法。這樣的課程規劃，讓學生無需太多額外說明，只要解題，即可自然而然地理解概念。多虧了這種學習法，我不需要絞盡腦汁，就能指導孩子數學了。更重要的是，老大和以前光聽到「數學」二字就退縮的我不同，他認為數學不算太難；聽見他這麼說，我感到很欣慰又神奇。

我體悟到，原來不用和孩子鬥法，就能和他一起輕鬆簡單地算數學。也認知到，無需複雜的概念說明或練習解困難的題目，我們在解開經過系統性設計的試題過程中，就能以更深、更廣的角度去思考數字與運算。這是我和老大一起研讀德國課本後得到的收穫。

因為九九乘法，我開始對德國課本的數學學習法感到好奇，甚至還買了他們高年級的數學課本來看，因為我想知道孩子以後會學習什麼、將如何學習。我一邊按著翻譯機，一邊仔細地讀，越來越體會到這和過去學過的運算方式有著天壤之別，讓我不得不羨慕起來。

不僅是教導概念的方式，連學校的教學方式，也讓我對德國數學課程讚嘆不已。孩子升上三年級時，因新冠肺炎疫情稍微趨緩，而得以上實體課的他，在學校還曾透過「討論課」的形式學習數學。

討論課是以老師出題、學生輪流討論解法的課程形式。學生要先向老師與其他同學說明自己為何採取這種方法計算，在聽了其他同學所分享的解法後，就自然能學到以多元的角度理解和解題。除此

之外，老師也能從學生的發言中，清楚掌握學生對課程內容的理解程度。

亮眼的進展與成果

而後，由於新冠肺炎疫情惡化，學校再度關閉，我們再次開始在家自學。這次，我連剛上一年級的老二也一起指導，並從一開始就依據老師給的教案，按部就班地教導孩子。

每天老老實實寫作業的老大，某天忽然這麼說：

「媽媽，數學真的很簡單又有趣耶！」

我作夢都沒想過此生會聽見孩子親口說出「數學很有趣」這句話，原本只希望他別討厭數學就好——你能想像我聽見他這麼說時有多開心嗎？

不僅如此，老大在德國也接受了智力測驗（AID 3，類似魏氏智力量表的檢測），卻得到了與魏氏智力量表測驗完全相反的結果：老大的數學運算能力，竟然是落在前 1%！孩子唯一做的事情，只不過是按照德國的方式學數學而已。在三年前仍完全不懂德語、在德國上小學的老大，現在正在德國接受資優班教育，甚至連韓國的高等數學試卷也難不倒他；而老二則是在讀了一年小學後就跳級了。

每當照著德國教科書的方式學習，便覺得有趣又簡單，於是更確信運算就是奠定數學思維的基礎的我，為了指導孩子，將德國的課本仔仔細細地分析整理了一番。因為想向各位讀者分享我和孩子這段驚人的旅程，以及我從德國課本中習得的學習法，所以撰寫了這本書。那麼，一起來看看德國教科書的課程有什麼樣的特點吧！

身爲數學強國的德國，這麼教數學！

　　雖然決定舉家搬到德國時，我實在擔心又焦慮，不過在孩子的教育方面反而稍微放心了。還在韓國時，從小孩上幼兒園開始，便經常聽說德國教具和德式教育，因此對德國有了教育大國的印象。

　　實際來到德國，將孩子送到幼兒園和小學念書後，真的時常會冒出「難怪德國教育很有名啊」的想法。雖然在背誦九九乘法時，因為是在家自學的特殊狀況而遭遇了挫折，但我也以此為契機，好好地認識、研究德國的數學教育，發現確實和韓國的教育不同。而其中令我感到差異最大的部分，正是可稱為「低年級數學的關鍵」、影響孩子對數學觀感的「運算」。

藉著將數學與日常連結，來教導數學的必要性

德國小學一年級數學課本裡，每個單元的開頭通常都有和日常生活相關的圖畫，內容是以孩子喜歡的主題出發，像是遊樂場、節慶、生日派對、游泳池等，這些光想起來就心情愉快的主題。課堂會從這些圖片開始，採用讓孩子輪流針對自己所分配到的主題，將自身經驗與課程內容連結並討論的方式進行教學。

「週末去了動物園，有 1 隻獅子爸爸和 1 隻獅子媽媽，還有 3 隻小獅子，所以總共是 5 隻獅子！」

「我和爸爸去超級市場買了 2 袋薯條、2 瓶蘋果汁，總共買了 4 樣食物。」

學過基本概念後，就會藉著回答與金錢有關的問題，讓學生實際體驗將所學應用在現實生活中。其中大多是問學生用自己的錢，能在學校餐廳買多少東西，或是在市集上賣某樣物品賣了多少錢、賣了幾個、收到多少錢等這類型的題目。

這些在德國課本中出現的題目，都是我們在生活中常見的事。這和透過故事學數學不同，而是將平時會遇到的單純狀況，當作數學題目來解決。

將日常與數學結合的教學方式，主要目的有二。

第一，降低學習新知時所產生的心理抗拒。第二，為了說明現在所學習的數學概念，並非只會出現在課本上，而是我們日常生活中已經在使用的概念。換句話說，就是在解釋必須學習數學的原因——為了生活，我們需要數學！

事實上，我們就活在數學的世界裡。無論是去超市採買、結帳，或是想把一整片披薩平均分給全家人時，每個人該吃幾片，全都需要用數學思考。這種在學習運算過程中，自然而然讓學生認知到生活與數學的關係十分密切的方式，就是德國精心規劃的學習法。

以溫故知新的方式，激發數學自我效能

從德國課本的結構來看，當學生在學習新概念時，必須先帶出曾經學過的概念，然後再教授新的內容。就以這個例子來說：一年級時會學習各種「相加等於10」的組合，但並不會突然間就告訴學生「相加等於10」這個概念，一定會先帶出過去學過的「相加等於5」的數字組合，再將兩種概念互相比較，從中學習。剛開始學習「相加等於20」時也是同樣的道理，必須先重提「相加等於10」，再學習新的概念。這是為什麼呢？

從腦科學的角度來說，當人腦學習新知時，會運用與其相關的已

知知識去理解。意即，在學習前若能充分地回顧固有知識，將會更容易理解和接納新知。這代表我們在學習新東西時，先建立新知和過去所學知識間的關聯，是很重要的步驟。**德國課本就是充分運用了這種溫故知新的方法來規劃課程，藉此盡可能地提升學生的理解力，讓他們以有效率的方式學習。**

而溫故知新的方式不僅對學習有幫助，更對學生的情緒有助益，能夠提升自我效能感（在特定情形下認為自己能採取適當行動的期待與信念）。

對孩子而言，幾乎事事都是初體驗，所以他們對新事物的感受也比大人來得更強烈，喜歡的會更喜歡，討厭的會更討厭。孩子會以這些喜好為基礎，留下對新事物的印象，而這印象一旦確立了，就不再輕易改變。假如孩子對數學的第一印象是類似「很難」這種負面的情緒，那會怎麼樣呢？數學在他的心目中，就會被歸類為「討厭的東西」。

我在看德國數學課本時，感覺到他們在教授數學時的方式是非常小心謹慎的，處處可見到他們努力不讓孩子對新概念留下「討厭」的印象，而是留下「不算太難」的感受。這就和給孩子吃副食品時，會煩惱他可能因此不喜歡某種食物，得左思右想半天後才開始煮的道理一樣，德國課程在教授全新的數學概念時也是如此，會先

帶出已經熟習的內容，並將新概念與之連結，再開始教學。

這彷彿是在對學生說：「這是你以前就知道的，這次要學的新概念也和以前的差不多。怎麼樣，不算太難吧？」

對德國的小孩來說，至少小學階段的數學課程是「不算太難」的。我問了孩子的同學，也沒有人表示討厭數學或覺得數學困難到學不下去。我認為以長期來說，這點是至關重要的，因為認為「不算太難」或「我做得到」的想法，不只和孩子的數學成績有關，也和他們的自尊感有關。畢竟在小學階段，對自尊感的建立有重大影響力的，正是與學習相關的成功經驗。孩子在學習這些新概念的同時，如果產生了類似「好難，我不太懂」的負面情緒，就可能會延伸出「我無法學好這個」或「原來我不擅長這件事」這樣的負面自我效能；而這些想法若是不斷累積，將來甚至會形成想放棄數學的念頭。

我認為那些覺得數學很困難的韓國學生，以及對數學的興趣與自信皆名列前茅的德國學生之間的關鍵差異，正源於此。我們難道不應該好好引導孩子，讓他們認為「數學不會很難」、「我可以學得好」嗎？

一次學一個新概念，反覆回顧重要概念

現在，讓我介紹德國的課本是如何教學 3 + 2 = 5 的吧！

第一階段，是讓學生以數與量的概念去理解 2、3、5。

第二階段，是認識「加號」（＋）的意義。

第三階段，是瞭解「等號」（＝）的意義。

德國小學會在一年級時特別教授「等號」這件事，讓我受到很大的衝擊，因為我從來都不曾思考過等號的意義，所以在讀出 3 + 2 = 5 這種算式時，我都唸「3 加 2 是 5」。我所認為的等號，僅僅是「是」的意思而已。

為什麼必須學習加號，又為何必須學等號的意義呢？因為我們必須先正確掌握在運算時所使用的符號與數字的意義，往後才能確實學好數學。等號是代表「左右兩邊相同」的重要符號，唯有正確學好等號的意義，才能解開方程式並理解函數。假如我們問孩子 47 減掉多少會得出 25，他卻認為這種必須求得某個數字的問題很困難的話，就得確認一下他是否明白等號的概念了，十之八九的情況是他把等號理解成「是」或者「解答」的意思。也可以讓他算一下 65 + 17 = □ + 28 中的□該填入什麼數字這種問題，假如他無法理解等號兩邊為相同值，遇到這種典型題目就會覺得很困難。

那麼，亞洲的孩子們是如何解題的呢？在算 1＋2＝□ 時，他們是否沒花太多時間去思考這個問題的意義呢？當他們求出 3 這個答案時，是否也不會為此高興，就接著進入下個階段了呢？媽媽知道孩子是否正確地瞭解了加號和等號的意義嗎？

不對，我應該問，家長是否曾認為有必要花心思瞭解這些事呢？

德國的課本就不同了。在教學 20 以前的加法時，等號根本完全沒出現過，在這過程中只會專注於教授「加號（＋）」的概念。等到學生已充分瞭解了「加號」後，再次將數字的範圍縮小，開始學習「等號（＝）」的概念（相關內容將於第 2 章說明）。

德國課本正是如此，在教孩子新概念時，會考量他們的認知發展程度，將課程拆解成孩子能一次消化的單位來教學，這是因為我們大腦的工作記憶（Working Memory）每次能處理的資訊量是有上限的。工作記憶類似於在課堂上學新東西時所使用的學習單，小學生能在工作記憶中同時存入、持續記憶的資訊，大概是三到四項。而五歲孩童的工作記憶更少，約一到二項。在德國是滿六歲時就讀小學，因此德國以更嚴謹的方式，將課本設計成讓學生每次僅學習一個概念的架構。其實青少年和成人也是如此，每次只吸收一項新知，才是效率最好的學習方式，希望各位讀者也能參考看看。

透過積極的學習，提升解決問題能力＆後設認知

　　德國課本並不是單純讓學生變得很會算術而已，而是將運算能力當成培養「解決問題能力」的訓練工具來使用。從一年級開始，學校就將理解、分析題目、找出解決方法的過程，當作單純的運算問題來訓練學生。首先，老師會教學生各種不同的計算方法，再依據數字與運算符號的特點，找出最有效率的方式，選定解法後讓學生親自練習計算。實際上，德國小學的考試成績，是有可能隨著學生選擇的解題方式而獲得額外分數的。

　　而且，德國課本的數學題目大部分是以好幾個式子構成一組的形式，因為如果一次解一組題目，就能讓學生持續思考在這些數字的絕對意義之外，有什麼相對意義。舉例來說，如果從1的角度來看，4 這個數字是比 1 再多了 3 的值；若從 5 的角度來看，4 則是比 5 少了 1 的值。

　　像這樣反覆練習好幾個式子組成的題目，學生就會不斷思考當某個數字碰上特定的運算符號時，會得到什麼樣的結果。這是藉由訓練學生從各種層面看待一件事物或者現象，來讓他們熟悉學習時所需要的「靈活思考方式」。

　　我認為，創意思考是當我們所積蓄的知識遇上靈活的思考時，才

有可能發生。如果說要探討德國為何能人才濟濟的原因，依據我審慎的推測，也許是因為實行了這種數學教育吧？

不僅如此，德國的數學課，是以提升學生後設認知的方式進行的。所謂的後設認知，是「對於『認知』的認知」之意，也就是「瞭解自身的已知與不知」。雖然這是近年才流行的名詞，不過實際上真正運用後設認知來教導孩子的家長似乎不多。

看看德國課本，你會發現最後一個階段是自己設計一道題目，並嘗試自己解題。這是讓學生觀察先前曾算過的題組，瞭解其目的後，再自己寫出一道符合該目的的題目，接著再與同學一起討論自己出的題目。學生會在課堂上說明自己為何會寫這個題目，同時也要聽同學解釋他們如此出題的原因。在這過程中，學生就會認知到自己瞭解了什麼，又忽略了什麼（或是還不瞭解什麼）。連正式考試的時候，也會出現這類型的題目，學生這時就能依據自己已理解的內容來出題了。

想要確認自己瞭解了什麼、不瞭解什麼，還有另一個方法，那就是報告。在數學課上竟然要報告？很難想像對吧！然而在德國的話，從三年級開始，報告的成績就佔了總分的 40%。在德國數學課本中，每個以 2 ～ 4 道題目構成的題組旁邊，都標上了兩個面對面的人形記號，這是要求學生和同學彼此討論這個題目的意思。

Wie rechnet ihr？

7×50

7×5000

「Wie rechnet ihr?」是德文中「你是怎麼計算的呢？」的意思。無論是在課堂上解了題，或是自行算完作業習題，事後都要輪流向同學說明自己解題的方法。這和自己出題是相同的道理，在說明的過程中，學生會將自己與同學發表的內容相比較，並認知到自己知不知道。同時，學生之間也能藉此分享彼此理解的部分，等於是獲得了學習的機會，也能學到尊重彼此意見的方法。在這本書中，我也寫到了親子按照德國課本的學習法討論的過程，尤其在教導孩子以各種不同方法解題的段落中，這會是很關鍵的內容。這種討論課的方式，對於其他學科的學習也是非常實用的方法。

到了三年級時，在考試前一週，老師會發給大家考試範圍清單。這張清單是用來讓學生按照科目別，自行勾選對該科目理解的程度，然後再針對自己勾選出還不夠熟悉的部分學習。

最初在所有項目都勾了「充分理解」的學生，在累積了越來越多次備考與應試的經驗後，開始會在這張單子上的某些項目勾選「普通」或是「不太理解」。所以在面對那些原本連「充分理解」和「不太理解」之間的差異都不清楚的孩子，我們應該引導他們自行

備考和應試，並從這過程中意識到必須學習到什麼程度，才能算是已經充分理解了。此外，透過這種方式，也能帶領他們自然熟悉自學的方法。

複習再複習，追求全面的學習

德國數學課本有個很重要的特色，那就是複習與重複。重要的概念會重複出現好幾次，藉此讓學生確實奠定好基礎，從二年級到四年級的數學課本中，甚至約有 50% 的內容是以複習構成的。更具體一點，課本是以「舊單元複習→數的擴張→數的運算→舊單元複習」構成的循環，也就是先從複習開始，再以複習收尾。

每一次複習時，題目都會逐步深化。學生第一次學習新概念時，會先單純地一個個學習；第一次複習時，會碰到以基本概念為基礎，加上一些應用的題目；等到下一次複習時，題目的難度就會更高了。在應用數學概念的過程，當然也會連結日常生活經驗，以引發孩子們的興趣。

我們舉二年級課程為例吧！孩子會在二年級時第一次學習乘法的概念，不過在此之前，會先複習一年級時學過的二位數加法與減法，而且不是讓學生事先複習好，是由老師在課堂上直接帶著他們

複習，然後依序學習乘法和除法的概念，接著透過乘法的應用題目來複習一次。最後，會重新複習二位數的加法與減法，以及乘法與除法。二年級課程的核心，是以逐漸提高二位數四則運算的難度，並交錯複習，讓學生能更輕鬆、扎實地學好運算的內容構成。

為什麼要花費這麼多的時間，讓學生反覆地複習呢？

因為數學課程是從國小數學一路銜接到高中數學，所以必須先打好基本概念的基礎，才能進一步理解高階的概念。此外，數學是需要運用抽象概念的科目，因此必須確實地瞭解才能解題，這與其他可以憑著因果關係或脈絡來解題的科目相比，那股意識到「我懂了」的感覺是不同的，所以相較於其他學科，數學會需要更多的複習。然而，父母畢竟不是數學專家，很難瞭解數學的這種特性。正因如此，學校會親自帶著學生複習，而且是細分成孩子能一次消化的小單位來進行。

如此強調複習的另一個原因，是為了補足孩子的學習空窗期。德國的暑假相當長，而且沒有暑假作業，因為每到暑假，孩子就會與父母一起長時間旅行，或參加興趣領域相關的夏令營。在長達六週的暑假中，他們會盡情、盡興地玩樂。

等到開學時，有關先前課程的記憶自然已經模糊，想不太起來了。因此，在九月開始的新學期初，會花一段時間整個複習一遍。

多虧了事前的複習，學生鮮少會碰到因為記不得之前學過的內容，而覺得新單元很困難或完全跟不上進度的情況。越是瞭解，我就越對細心顧慮到孩童認知發展的德國課程感到讚嘆。老實說，亞洲比較缺乏這種複習的過程，所以當作是超前部署也好，建議父母在開學前幫助孩子將上學期學過的內容先複習一遍。如此一來，孩子就有信心開始上新學期的數學課。

必須由父母來教導
低年級子女運算的原因

父母必須成爲「孩子的專家」

國小數學必須由父母親自教導的第一個理由是——最瞭解小孩，也最有能力養育小孩的人，正是父母本身。韓國花式滑冰選手金妍兒的母親朴美熙曾如此說道：「我主修妍兒，妍兒是我的教科書。」這句話有什麼意涵呢？這句話意思是「最瞭解我小孩、應該要瞭解我小孩的人，就是父母本人。」

孩子現在最感興趣的是什麼、該如何將學習與他的興趣結合、孩子感到最困難的是哪部分等，這些是父母必須付出許多關心，才能得知的事。沒有任何人能比父母更容易察覺到這些特性，並從旁協助孩子。

於是，我撰寫了這本書，好讓孩子們在必須培養運算概念、讀書

習慣的國小低年級時期，能夠與父母一起正確地學習。遇到三、四年級以上較困難的課程時，孩子或許能得到科任老師的協助，不過身為「我孩子的專家」的父母若盡量親力親為，將更能幫助孩子。

孩子對數學的第一印象與學習習慣，取決於父母

國小低年級是孩子學習運算的時期，從腦科學的角度來看，也是他們養成學習習慣的時期。因此，在這時期學習運算，雖然是為了建立好數學思維的基礎，但更重要的意義是為了「培養學習習慣」。這就是為什麼學習的方向與品質，比起學習進度來得更重要的原因。

教學運算時，我們可以為孩子立下明確的學習目標，而且隨時依據孩子的水平與狀態，調整每天的學習進度。孩子會透過這樣例行的運算學習，開始養成學習的習慣——而父母在這時期所扮演的角色就相當重要了。因為無論是由誰出作業（父母或老師），負責指導和檢查作業的人都會是父母，所以如果父母不清楚如何教導運算的方法，孩子也很難培養學習的習慣。

孩子對於數學的第一印象，也是取決於父母。在日常生活中，應該至少曾說過一次類似「可以幫我拿一片尿布嗎？」的話吧？我們

平時其實在不知不覺間，持續給予孩子數學方面的刺激。然而，你是否也曾對孩子說過「你怎麼連數數字都數不好？」、「怎麼連這個都不知道？」這種話呢？父母親所說的話，孩子幾乎都會全盤接收，並銘記在心的。

如果數學在孩子心中留下的第一印象，是「非常困難」或「我不擅長數學」的話是很不好的。孩子必須在此時期確立學習數學的方向，並打好運算概念的基礎，往後當他需要加緊學習腳步時，才能夠全力奔馳。

即便孩子只是解開了一道題目，也能「好棒好棒！」地拍手稱讚；孩子只是好好坐著十分鐘，就說「你比昨天還多坐了兩分鐘耶！」稱讚他有所成長的部分；孩子覺得辛苦時，便給他勇氣；並且每天關注孩子為了養成讀書習慣而努力的過程……能做到這一切的人，除了父母以外就沒有別人了。這是在學校有許多學生要照顧的老師，以及每週僅見面一、二次的補習班老師所辦不到的。所以我們說，孩子對數學的第一印象，正是取決於父母。

正確的運算教育方針

如果是這樣的話，小學低年級時，該採取怎樣的方針來教小孩運算呢？

第一，概念的學習很重要。孩子必須要理解各種運算的意義、運算的原理與過程。

重要的不是孩子能解很多題目，而是他在解題時使用了哪種概念，以及如何使用。這點可以透過與孩子討論解題方式，以及試著自己出題目等活動來達成。如果父母放任孩子不理解概念、只會解題技巧，他們往後總有一天會碰壁。

第二，必須將重點放在培養識讀數字的眼光。孩子必須確實掌握數字的意義、數字間的關係後，才能繼續學習新的內容。其中，培養孩子正確理解十進位數字的能力尤其重要。德國的低年級數學，規劃出相當多的時間教學生十進位。學生只要確實瞭解了我們日常會接觸到的十進位數字系統，即便往後進入高年級，因數字的範圍擴張而必須處理更大的數字時，也不會感到困難。孩子們常只因為數值變大這個原因而緊張，但如果在低年級時正確地學習十進位就不會有這種情況，因為只有位數不同罷了，原理其實相同。

第三，運算教學應以提升數學思維為目標。在人工智慧發達的現代，未來那些仰賴人工的機械性工作，想必會被電腦取代吧？那麼為了讓電腦產出答案，而下達「有價值的指令」，就是人類的責任了，因為電腦是根據程式的設計產出解答的。如果要下達有價值的指令，應該要怎麼做呢？這個人必須擁有能夠洞悉一切，又能同

時掌握細節，並瞭解特定對象或現象的客觀意義與相對意義的能力——這種能力，我們稱之為「洞察力」。

然而，許多父母卻機械式地訓練孩子算數，並誤以為在困難的概念出現時，才需要培養數學思維。於是他們要求孩子不斷地解題，再讓孩子上「數學思考力」這類的課程，把解題和數學思維當成兩件事來看。但是，培養數學思維、問題解決能力，以及長期洞察力的訓練，其實都必須以運算為起點。

第四，最重要的一點是必須要有趣。尤其對剛開始學運算的幼兒園或小學低年級學生，我們必須讓他們對數學產生「數學真是很有趣的科目」的印象。在這階段的小孩很難理解必須要讀書的理由，因此我們必須以趣味來誘發出他們強烈的動機。請讓孩子覺得因為數學有趣而想繼續學習，而且持續下去還能在理解的過程中獲得更大樂趣。請記得，以腦科學角度來看，情感對於理性是有巨大影響的。

孩子學習的時候，該如何讓他們感到「快樂」呢？請欣賞並稱讚他們的小小成就，也可以活用他們會喜歡的東西當作素材。想想看最近孩子著迷的事物是什麼，用它來引導孩子學數學吧！我家老二剛開始學加法時正著迷於精靈，每天只讀有關精靈的書，只看有精靈出現的影片。當時，我們一邊畫出正在開派對的精靈們，一邊學習加法。如果利用孩子喜歡的素材起頭的話，他們會自然而然地融

入其中，在還沒來得及意識到正在學習的情況下，就開始學習了。

目前為止，我們已說明完數學運算之所以重要的原因、德式運算學習法的優點，以及家長必須親自教孩子這種學習法的原因。那麼，接下來就正式介紹以簡單、愉快的方式教授數學原理的德式運算學習法吧！

CHAPTER
2

扎穩
加法運算的根基

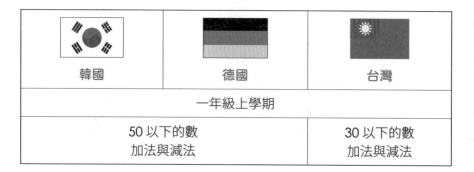

韓國	德國	台灣
一年級上學期		
50 以下的數 加法與減法		30 以下的數 加法與減法

孩子走進了加法的世界了！這時的學習目標是認識數字、瞭解加法概念與等號概念，並建立好十進位的四則運算基礎。

在此階段裡，教運算的最重要關鍵是孩子必須有興趣才行。即便孩子在初遇「運算」這位新朋友時，還無法馬上興高采烈地去面對，但至少得引發足夠的好奇心與興趣，才能讓他們萌生「我想試試看」的念頭。

認識數字 0 到 10

　　孩子想必已經在幼兒園和家裡學習讀數字、數數字學了好幾遍了吧？說不定他一看見「26」這個數字，就能說出「二十六！」了。但讀得出數字，就是真正「認知」了這個數字嗎？孩子究竟是機械式地死背了「二十六」，還是真的理解了才說出「二十六」呢？而我們又該如何分辨呢？

　　在確認孩子已確實理解數字之前，必須滿足幾項前提。首先是他能讀、寫數字；第二是他必須能計算物品的數量（我們稱之為「識數與計數同步」），而且必須以數字來表達順序，能回答多了 1 和少了 1 的數是多少，能理解 0 的概念，並且以「0」來表示之，還得會比較兩個數字的大小──條件其實比預期的更嚴格，對吧？

　　其中，最重要的條件是「識數與計數同步」，也就是我們在討論由家長引導孩子的教學法時，經常聽到的「數‧量一致」、「合理

計數」等用語。之所以重要的原因，是因為這項條件很難達成。現在距離人類第一次透過五顆蘋果與五粒石頭領悟到「5」這抽象的概念，並認知到「兩者數量相同」的那刻，也才過了區區數千年的時間而已。這代表要學會使用數字，是件比預期中更需要腦力的艱難任務。

數學，是一門研究抽象世界的學問。對人而言，理解抽象的世界是很困難的事。而德國學校的課程，能夠領著孩子以正確的方式，經歷從具象世界進入抽象世界的過程。認識數字 0 到 10，正是我們當前課題的第一步。

一起來讀數字，並同步識數與計數能力吧！

你和孩子是否早已厭倦重複練習讀寫數字了呢？現在，我們直接先從 1 數到 10，開始學習數的順序，以及數字所蘊含的數量概念。

此時期的數學教育，必須從日常中開始——請讓孩子在日常生活中充分體驗數字所包含的數量概念。舉例來說，分給孩子巧克力時，請一邊數出：「1、2、3……」一邊將巧克力一個個擺在盤子上給他，或透過讓孩子從冰箱拿來四顆橘子的方式進行。

若孩子已大致掌握了數字的數量概念，就可以利用數字－半實物－實物的關係來學習了。

實物（具體）	半實物（半具體）	數字（抽象）
🍬🍬🍬	⬤⬤⬤	3

介於實物與數字之間的半實物，是用來引導孩子從具象世界進入抽象世界的輔助工具。雖然利用數字教具也是不錯的方式，但只要是如鈕扣、棋子般，外觀和大小都一致、容易取得的道具都可以。

現在請準備好分別寫上 1 到 10 的數字卡、半實物（如棋子等）10 個、實物（糖果或果凍等）10 個，接著和孩子玩下面這個遊戲。

首先將一個實物放在桌上，然後指導孩子在實物旁邊擺出相同數量的半實物，並在半實物旁放上相對應的數字卡。

看起來就會如下方圖片所示。

接下來請將半實物和數字卡保持原樣，只額外多加上一個實物後，向孩子提問：「糖果變多了呢！可以擺出和糖果數量一樣的棋子嗎？」孩子如果擺出正確的數量了，就接著問道：「可以擺上相對應的卡片嗎？」然後請他移除卡片 1，換上正確的數字卡。

請依照這樣的方式，玩到 10 為止。

　　也可以反過來採取由父母先擺出數字卡，讓孩子擺放半實物與實物的方式進行。請幫助他能自由來回於數字的抽象世界與雙手可觸及的具象世界之間。

　　對了，雖然這時還沒學到位值，但不須擔心太早讓孩子接觸 10 這個數字。其實他們已經看過許多 10 以上的數了，所以能輕鬆地把 10 當作新的數字來理解。必須在此階段學習 10 的原因，是為了早點訓練孩子將 10 作為思考其他數字時的基準。至於位值的概念，他們在學到 20 時就會徹底瞭解了。

　　現在請孩子回答下列題目，並推估數字的順序吧！不混淆數字順序與學習數量概念，是同等重要的哦！

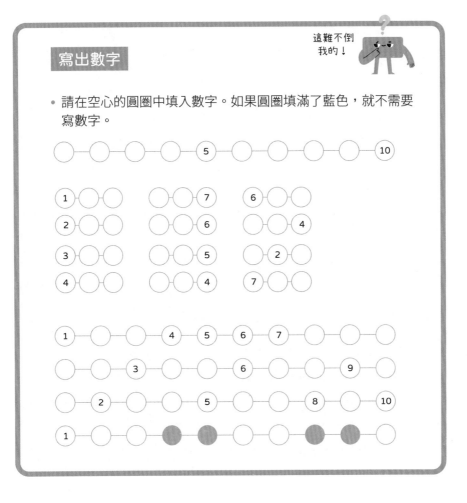

寫出數字

- 請在空心的圓圈中填入數字。如果圓圈填滿了藍色，就不需要寫數字。

試試合成與分解

假如孩子已明白與 1 到 10 數字相關的符號、順序所代表的數量意義，接下來就該理解數字的重要特性之一：數的「合成」與「分解」。

孩子才剛認識數字而已，馬上就要學合成、分解了？在韓國，學生是在一年級上學期的第三單元「加法與減法」中第一次學到「合成和分解」，是連同加減法符號和等號一起學習的。如此一來，一下子就冒了出來好幾種困難的新概念，頭腦當然會一片混亂了。反觀德國的課程，不會馬上將合成和分解與加減法建立關聯性，學生所學到的合成與分解是一種「數字的特徵」。

像這樣，分階段學習合成與分解、加法符號、等號，孩子才能一一完整消化。

請準備紅色與藍色的色鉛筆。現在要進行的是在骰子圖案上，任意以兩種顏色的色鉛筆上色的遊戲。最重要的一點是，不可以將其他骰子的顏色畫得與左邊的骰子一模一樣哦！

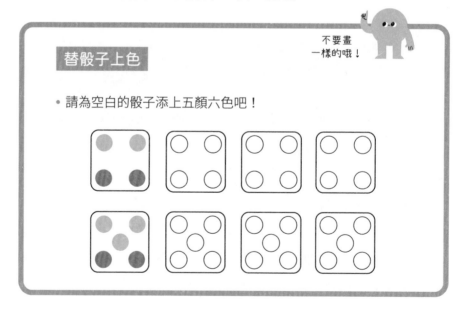

不要畫一樣的哦！

替骰子上色

• 請為空白的骰子添上五顏六色吧！

請引導孩子自由使用紅筆與藍筆上色，將圓圈劃分為不同的組合。「紅色的一個、藍色的三個……」每顆骰子孔洞個數皆為一致，孩子會藉此領悟到有很多種上色的方式。接下來是將相同數量的實物與半實物，任意地分為兩組的活動。

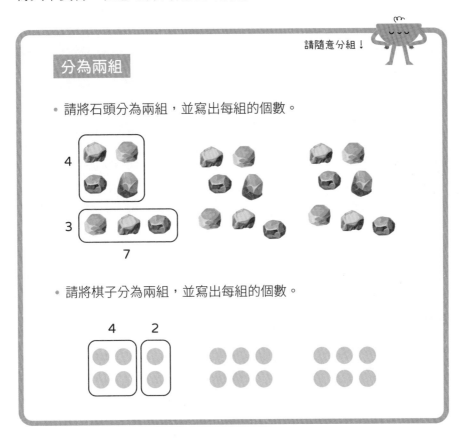

　　採用實際的物品與半實物進行遊戲時，請準備好數字卡，並要求孩子在物品旁邊擺出適合的卡片。而在解題時，也請他在旁邊寫下

數字。透過上述過程，孩子將會理解到他可以任意地拆解或組合數字。換句話說，7 可以拆解為 3 和 4，也可以是 5 和 2；而 4 和 3 可以組成 7，5 和 2 相加也能成為 7。

最後，請透過下列題目，驗收孩子是否理解了合成與分解。

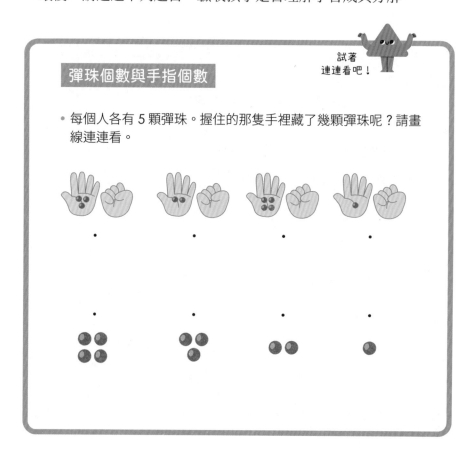

「零是什麼都沒有？」關於數字 0

0 是用來表示「無」的符號。如果想在十進位單元中學好 0 的用法與位值的話，在此階段「先確實地理解 0」就十分重要。

為了理解 0，孩子必須先透過「有」和「無」的對比，領悟到 0 是代表「無」的數字。

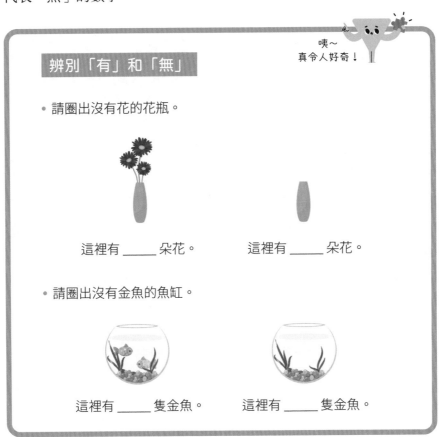

咦～
真令人好奇！

辨別「有」和「無」

• 請圈出沒有花的花瓶。

這裡有 ＿＿＿＿ 朵花。　　　　這裡有 ＿＿＿＿ 朵花。

• 請圈出沒有金魚的魚缸。

這裡有 ＿＿＿＿ 隻金魚。　　　　這裡有 ＿＿＿＿ 隻金魚。

另外，也可利用倒數的遊戲，讓孩子理解 0 是比 1 小了 1 的數字之概念。請使用能輕鬆擦掉的鉛筆，在紙上畫出 6 ～ 7 個圓圈後，要求他一邊擦掉數字，一邊數出來。當他把 7、6、5、4、3、2、1 數完，將最後一個圓圈也擦掉時，就問他一共有多少個圓圈。若孩子回答是 0，我們就可以回應他：「沒錯，沒了！是 0 哦！」

以 5 為基準認識數字

使用十進位時，我們必須以 10 為基準思考，並懂得如何活用此概念。但對孩子而言，以 10 為基準思考的方式可能有些困難。因此，與其利用 10 為基準，先讓孩子能以 5 為基準更為重要。下一道題與我們一開始進行過的糖果遊戲類似，不過似乎又有些不一樣，對吧？這是為了引導孩子學習如何以 5 為基準，去掌握其他數字。

請畫出與手指數量相同的圓圈後，將 5 個圓圈（也就是完全展開的左手）分為一組，在一旁寫上 5，接著寫出剩餘圓圈（右手手指）的個數。最後再寫下圓圈總數。

展開的
手指數量不變！

數數手指

• 這裡有幾根手指呢？

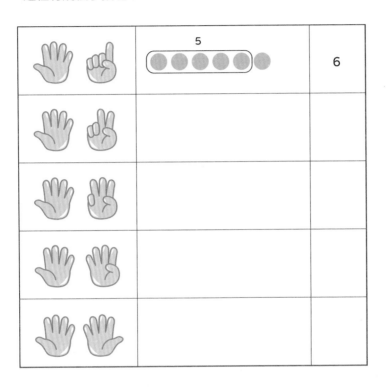

如果孩子都理解上述內容了，就可以回答看看與上一題正好相反、以 5 為基準思考抽象數字，並表示該數字的題目了。如果將上一道題看作「輸入」的話，那麼下一道題就可說是「輸出」了。

• 我們需要與左邊數字等值的圓圈個數，請畫畫看吧！

6　⬭⬤⬤⬤⬤⬤⬭　◯

8　⬭⬤⬤⬤⬤⬤⬤⬤⬤⬭

7　⬭⬤⬤⬤⬤⬤⬤⬤⬭

9　⬭⬤⬤⬤⬤⬤⬤⬤⬤⬭

10　⬭⬤⬤⬤⬤⬤⬭

　　最後，是比較 1 到 5 的數與 6 到 10 的數的過程。請引導他比較 1～6、2～7、3～8、4～9、5～10 這些數字，讓孩子領悟到「所有數字組合都相差了 5」。

　　首先，請藉由下面的「表演」給予孩子視覺與聽覺上的刺激。

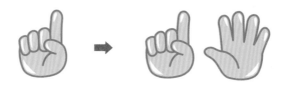

請將左手藏到身後，只伸出右手的手指：「一根手指，就是 1。」
然後再伸出原本藏起的左手：「一根手指再加上五根手指的話有六
根，就是 6。」如此演練多次後，孩子將能確實理解 1 與 6 之間的差
異，並以同樣的方式練習 2 和 7、3 和 8、4 和 9、5 和 10 等組合。
接下來的題目，請讓他自行回答看看，這是將遊戲當作題目來檢驗
成果的過程。

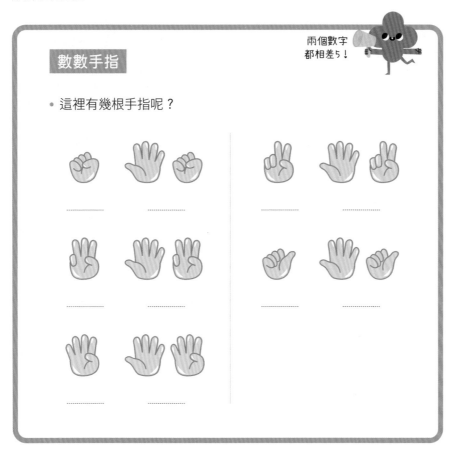

數數手指

兩個數字
都相差5！

• 這裡有幾根手指呢？

這時，請一邊比較左邊與右邊的圖案，和孩子一起討論兩個數字有何不同：「7是比2多了5的數字哦！」

假如學到這裡，孩子都做得很好的話，代表他對數的認知幾近完整，已經做好踏入加法世界的準備囉！

加法第一步：「相加等於 5」和「相加等於 10」

「相加等於幾」是德國小學一年級數學課本裡第一次出現的運算，目標是讓學生學習相加等於 5 或 10 的各種組合，並瞭解加號（＋）的意義。對德國小學生而言，「合成」與「分解」兩個用語可能更熟悉一些。

認識了 10 以前的數字後，讓孩子先學習「相加等於 5」和「相加等於 10」的理由，是因為這將成為未來學習加法與減法時推估數值的基準。在學習計算如 7＋6 這種相加會大於 10 的加法時，有一種先將 6 分解為 3＋3 後，再將 7 加到 10 的計算法。屆時，學生在此階段學到的「相加等於 10」，就會在腦海中變成用來推估數值的基準了。

「要算出 7＋6 是多少嗎？嗯，因為 7＋3＝10，而且 7＋6＝7＋3＋3，那就是 7＋6＝10＋3，答案是 13！」

德式四則運算的基礎，即是這種推估的能力，而推估能力的基礎，就是「相加等於 5」和「相加等於 10」。所以在這個階段，孩子絕對不能囫圇吞棗，對吧？

湊成 5 個的趣味遊戲

　　在德國，「5」是運算課程中會最先學到的數字。這是為了培養學生以 5 為基準進行思考的能力，好幫助他們在將來學習到重要的十進位概念時，能更輕易地理解。

　　因為在這個階段，學生必須先從加號的意義開始學習，所以還沒輪到等號（＝）登場。於是課程中會以一個房屋形狀的圖案來替代等號。學生先求出四方形內算式（加法算式）的解答，再將答案寫在屋頂，逐漸把房屋填滿。藉著這種一邊計算加法，一邊填滿房屋的方式，就能幫助學生在不使用等號的情況下學習加法的意義。如此一來，他們便能理解加總 1 和 4 後會變成 5，而 5 又可分解為 1 和 4，透過感官去認識加法記號的意思。

　　首先，要和孩子從遊戲開始，而且請以他目前最喜歡的事物當作

素材，因為在這個時期，樂趣是最強烈的學習動機。比如說，我家老二到了學習「相加等於 5」的年齡時正著迷於精靈與公主，於是我畫了精靈王國裡舉辦的派對，藉此吸引他的注意，即使畫得不好也沒關係。接著，為了讓孩子能求出「相加等於 5」的組合，我畫了好幾個房子形狀的圖案，問他畫中派對邀請的精靈個數、需要多少蛋糕和椅子等各種問題，並向他說明。

「參加派對的精靈總共有 5 位，等 5 位都到了，派對才能開始哦！啊，有 3 位精靈已經到了，那還需要幾位精靈，派對才能開始呢？（等孩子回答『2 位』）沒錯！還要 2 位。現在已經有 3 位精靈到了（在房屋狀的盒子寫上 3），又有 2 位精靈到了（寫上加號＋與數字 2），5 位全都到了（在屋頂寫上數字 5），那派對就可以開始啦！」

「可是派對上只有 2 張椅子，為了讓 5 位精靈都有椅子可以坐，

你可以幫他們畫椅子嗎？（等孩子畫了 3 張椅子） 2 張椅子（在房子寫上 2）再加上 3 張椅子（寫上＋和 3），一共是 5 張椅子（在屋頂寫上 5），那全部的精靈都可以坐下了！」

「現在派對上只有 1 塊好吃的蛋糕，如果要讓每個精靈都能吃到 1 塊，那還需要幾塊蛋糕呢？（等孩子回答 4 塊）對，沒錯！ 1 塊蛋糕（在房子寫上 1）再加上 4 塊蛋糕（寫上＋和 4），總共就有 5 塊蛋糕了！」

孩子可以在回答媽媽提問的過程中，自己思考各種相加會等於 5 的數字組合，也能透過感官瞭解加法的意義（兩個以上的數字加總）與加法符號的意義。假如孩子對加法符號感到陌生，請確實向他解釋加號代表「將前後的數字相加」，也就是說可以把「2 加上 3」這句話，簡單地以「2 ＋ 3」來表達的意思。

透過手的感官體驗，學習「相加等於 5」

如果藉著遊戲，孩子多少掌握對數字的感覺，就能進入嘗試解題的階段了。雖然在玩遊戲時是由媽媽帶領，但接下來可以讓孩子自己想想看「相加等於 5」的組合有哪些。

請別塞給孩子寫滿了 2 ＋ 3 或 3 ＋ 2 的試卷，這是讓他以雙眼觀察、

以雙手繪寫的方式，體驗日常生活中運算情境的階段。將問題結合有趣的故事，能幫助孩子愉快地進入解題的情境。

接著，讓孩子回答下一個問題吧！藉著草莓口味和葡萄口味的糖果加總再拆分的問題，讓他學會「相加等於5」。題目是我們來到一間只賣草莓糖果和葡萄糖果的商店，然後必須把只能裝入5顆糖果的盒子裝滿。

請配合以下題目的情境，準備好紅色的筆與綠色的筆，讓孩子自己在答案紙上畫出糖果，透過雙手的感受去學習「相加等於5」的組合。如果畫圖有點困難的話，請為他準備能直接以手觸摸到的真糖果。當然，若孩子不喜歡草莓或葡萄口味的話，就把糖果換成他喜歡的口味囉！

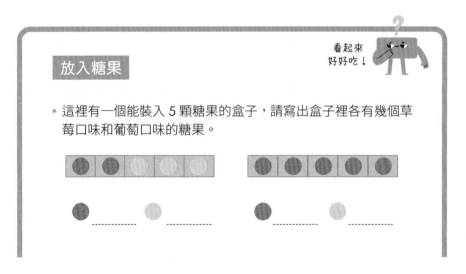

看起來好好吃！

放入糖果

• 這裡有一個能裝入5顆糖果的盒子，請寫出盒子裡各有幾個草莓口味和葡萄口味的糖果。

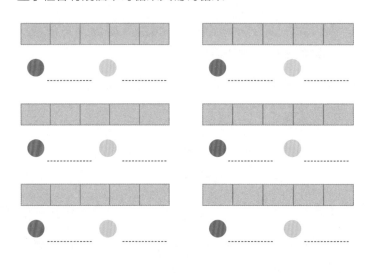

- 現在請你將草莓糖果與葡萄糖果任意地放入盒子裡，然後寫出盒子裡各有幾個草莓糖果與葡萄糖果。

　　當孩子已充分用雙手學習了「相加等於5」後，接下來就藉著「圓圈分組」的題目，瞭解加法交換律（即使加數順序改變，結果依然相同）。首先，讓他比較看看左邊藍色圓圈與右邊房子圖案上寫的數字組合，確認「相加等於5」的數字。接著讓他任意地在左邊圓圈之間劃線，將圓圈分成兩個「相加等於5」的數，再將之寫成「加法算式」填入右邊房屋圖案的空格中。

　　無論是前面的糖果題或是這個題目，都出現了要求孩子自己寫出算式的問題，目的是要讓他們透過主動的學習，完整瞭解「相加等於5」的概念。

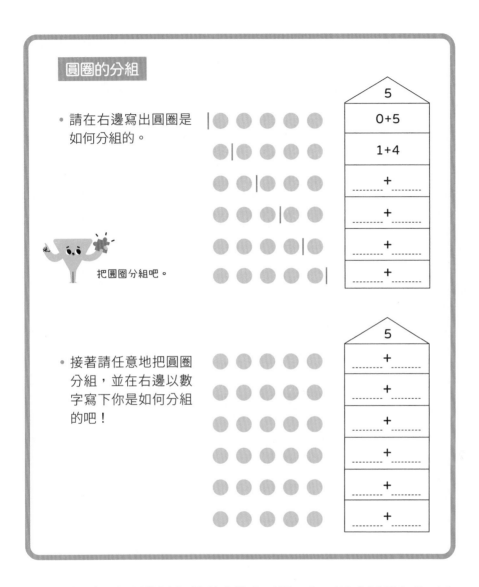

圓圈的分組

- 請在右邊寫出圓圈是如何分組的。

把圓圈分組吧。

5
0+5
1+4
+
+
+
+

- 接著請任意地把圓圈分組，並在右邊以數字寫下你是如何分組的吧！

5
+
+
+
+
+
+

　　像這樣透過解題的過程學習雖然也不錯，但不妨也試著和孩子在日常中自然而然地思考、討論相加等於 5 的組合。例如吃點心時、

整理書本時、做家事時，都有很多機會。像是在吃點心時，可以對孩子這麼說：

「今天的點心是 5 顆草莓哦（同時把 1 顆草莓放入孩子手上的盤子）。那媽媽還要再給你幾顆呢？」

然後就這樣從第 1 顆草莓給到第 5 顆，並一面問他問題。接著再和孩子交換角色，由他給媽媽點心，並同時把剛才媽媽問過的問題重複問一遍。

從趣味的手指遊戲中學「相加等於 10」

假如孩子已對「相加等於 5」很熟練了，那下一步就是進入學習「相加等於 10」的階段，從遊戲認識「相加等於 10」的組合開始吧！

我來介紹一下這個以 5 為基準去瞭解 10 的手指遊戲。與先前認識數字階段時玩的手指遊戲不同，這次是連折起的手指也要運用的高難度遊戲。首先，請把左手藏在身後，右手握拳並對孩子伸出拇指比「讚」，讓他數數看伸出和折起的手指各是多少（1 與 4 的組合）。然後展開左手手掌，與右手並列，再讓他數數看伸出和折起的手指各是多少（6 與 4 的組合）。接著再次將左手藏到身後，讓孩子再看一次 1 與 4 的組合。如此一來，他就能理解 1 + 4 等於 5，和

媽媽是4！

我是6！

6＋4等於10的事實，而2＋3／7＋3、3＋2／8＋2、4＋1／9＋1、5＋0／10＋0的組合，也能以相同的方式教學。這樣孩子就能運用感官，理解「相加等於10」的數字組合，正好比起「相加等於5」的數字組合多了5這件事。如果這時在手指畫上圖案或套上玩偶，還可以增加和孩子玩遊戲的趣味性。

　　手指是用來學習十進位的最佳教具，因此不妨也試著玩「10隻手指」的遊戲吧！遊戲方式是兩個人將手指個數湊成10即可，媽媽先向孩子伸出手指，並喊出伸出的手指個數：「媽媽是4！」然後等待孩子比出相加等於10的手指個數，以類似這種方式，要求他除了伸出手指，還要同時喊出該數字：「我是6！」如果媽媽已經出了兩次題，接下來就交換攻守，讓孩子先比出手指，再由媽媽湊到10隻手指。另外，建議可以反覆練習孩子特別容易混淆的一些數字組合。雖然這並非了不起的遊戲，對孩子而言卻相當有趣，因此請試著在就寢前抽空，親子一起輕鬆地玩遊戲吧！玩完遊戲再睡覺的話，能讓孩子大腦裡負責長期記憶的海馬迴記憶鞏固活動更發達，於是他所學的「相加等於10」就能趕快儲存為長期記憶。我們可依同樣的方式，利用鈕扣、積木、彈珠和糖果等素材，取10個具有相

同外觀和色彩的物件來玩這個遊戲。

運用「相加等於 5」學習「相加等於 10」

假如孩子在日常生活中和玩遊戲時，已透過感官熟悉相加等於 10 的數字組合，就可以讓他嘗試解開下面這題。只要運用先前學過的「相加等於 5」，在學習「相加等於 10」時就不會太困難。

來看看下面這題，左邊是要再次求出「相加等於 5」的組合，而右邊則出現了「相加等於 10」的組合。在「相加等於 10」的題目中，

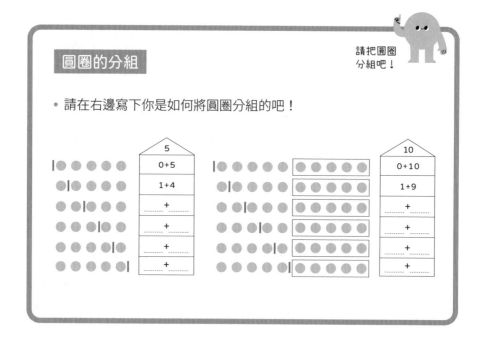

有 5 個圓圈是固定的，因此能幫助孩子在比較左右兩邊時，同時在腦中整理出「相加等於 10」的組合。

這題與之前玩的手指遊戲中，將左手固定比 5，並以此為基準去學習「相加等於 10」的原理是一樣的。如果玩過很多次遊戲的話，孩子應該能順利解開這題。

在比較相加等於 5 與相加等於 10 後，就該再次複習「集合了兩個 5 便等於 10」的事實了。由於這段過程，是在未來學到二位數加法時經常會運用到的部分，因此不能因為覺得簡單便草率略過，請確實幫

如果有兩個 5 會怎樣呢？

請親自
畫畫看吧！

- 已經買了 5 顆雞蛋了，再買 5 顆的話，總共會有幾顆呢？

- 左手有 5 隻手指，如果加上右手手指，共有幾隻手指呢？

- 左腳有 5 隻腳趾，如果加上右腳腳趾，共有幾隻腳趾呢？

- 已經買了 5 瓶養樂多，再買 5 瓶的話，總共會有幾瓶呢？

助孩子理解這個段落。請畫出集合兩個 5 時就等於 10 的圖案，並舉例說明，而且這過程必須是令人愉快的。

孩子們用手指或腳趾畫畫時會相當開心，覺得看著自己的手一邊畫出來很有趣，直接將手放在紙上描出來也很好玩。我家老二在玩這個遊戲時，甚至笑了好一段時間。

之前已提過這時必須注意的一點，就是遊戲的過程必須是有趣的。然而，許多父母卻將孩子在學數學時，一邊嘻嘻哈哈一邊畫圖玩鬧的行為，看作是不專注於學習的表現。試著回想我們小時候因為討厭寫作業而掙扎的樣子吧！在我看來，孩子能夠一邊解數學題，一邊歡笑，這是多麼令人慶幸的一件事啊！請這麼想：「哇，他可以這麼快樂地學加法，應該確實理解了，而且是真的喜歡算數學！」孩子是因為數學題有趣而高興，因為學得來而對數學有了自信心，所以自然而然地笑出來了。再重申一次，在此階段，數學必須帶給孩子愉快的體驗才行。

我們也可以再次利用學習「相加等於 5」時已熟悉的題型。在下面的問題中，一個盒子可以放入 10 個草莓口味或葡萄口味糖果。假如孩子覺得很困難，可以直接把兩種不同的零食擺在盤子上，讓他有思考的機會。這時，若能為遊戲增添一點孩子喜歡的故事會更好。

現在，是時候將上述題目稍微變形後，幫助孩子熟悉加法符號了。

看起來
好好吃！

放入糖果

- 一個盒子可裝入 10 顆糖果。請在每個盒子內隨意放入你喜歡的草莓口味與葡萄口味。接著請寫出你在盒子裡各放入了幾顆草莓糖果與葡萄糖果。

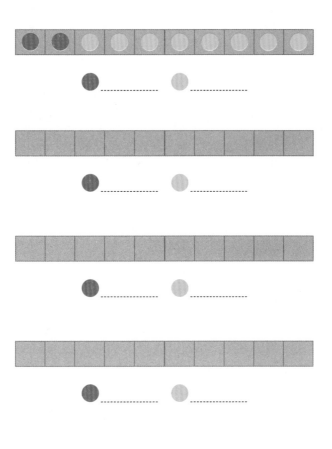

放入糖果

• 一個盒子可裝入 10 顆糖果。請在每個盒子內隨意放入你喜歡
的草莓口味與葡萄口味糖果，接著把盒子裡的草莓糖果與葡萄
糖果的數量相加吧！

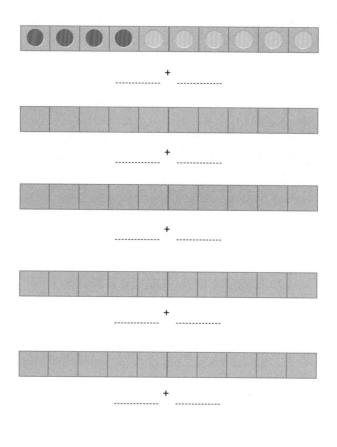

+ ------------ ------------

+ ------------ ------------

+ ------------ ------------

+ ------------ ------------

+ ------------ ------------

既然孩子已以手眼並用的方式充分熟悉了「相加等於 10」，接下來請引導他不要使用糖果計算，而是直接利用數字和加號，找出相加等於 10 的組合。同時請確認他是否也提到如 0 + 10 或 10 + 0 等，包含了 0 的組合。

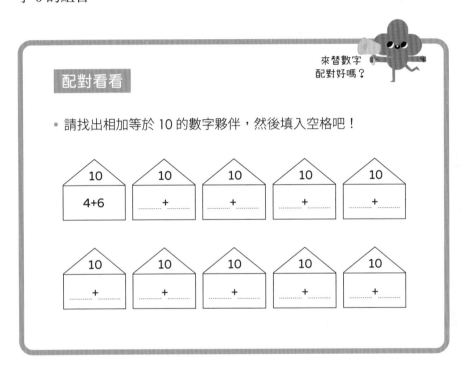

如果到此都能順利答題的話，那孩子已經擁有以 5 和 10 為基準去思考數字 0 到 10 的能力了！例如 10 是 5 和 5 的和、6 是比 5 大 1 的數、9 是比 10 小 1 的數……等。

一起掌握好加法的概念吧！

　　已經學會「相加等於 10」，也熟悉加號用法後，就可以開始正式演練加法囉！依照慣例，請利用孩子最感興趣的主題，從玩遊戲開始教學。讓我以我家孩子喜愛的精靈做為例子來說明吧！

　　首先告訴孩子，精靈王國舉辦了派對，請畫出幾個粉紅王國精靈，而媽媽就配合孩子所畫的精靈個數，另外畫出數量與之相加小於 10 的紫色王國精靈。在範例圖示中，孩子畫了 3 個粉紅王國精靈，媽媽畫了 5 個紫色王國精靈，這是為了教他 3 ＋ 5 的運算。

　　接下來，請向他提出以下問題：「來了幾位粉紅王國精靈呢？」、「來了幾位紫色王國精靈呢？」、「今天來到派對的精靈總共有幾位啊？」、「紫色王國精靈比粉紅王國精靈多了幾位呀？」

$$3 + 5 = 8$$

如果能創造一段興味盎然的故事，孩子會更融入情境。請自由設計出豐富有趣的故事和題目吧！

手眼並用掌握加法概念

待精靈遊戲玩得差不多了，就可以試著和孩子一起練習解題。如果他覺得很困難，請利用鈕扣或積木等實物，一起用手感受看看。

下一道題目，是要算出被遮住的圓圈個數，然後在右邊房子圖案中完成算式，這道題其實是只看圖片也能寫出算式的設計。順帶一提，每5個圓圈之間都有一道直線隔開，這是用來作為5單位的標示，在孩子對5和10熟練以前，這會不斷反覆出現。他們可以透過雙眼確認6個圓圈還須加上多少個圓圈，才能成為8個圓圈，並一邊寫出算式，一邊學習「更大的數」的概念。

算算有幾個圓圈

請仔細
數數看！

• 請計算被遮住的圓圈和露出的圓圈共有多少個。

● ● ● ● ● ● | ● ● ●

```
    8
6 + _____
```

● ● ● ● ● | ● ●

```
    7
4 + _____
```

● ● ● ● ● ● | ● ● ● ●

```
    9
_____ + _____
```

● ● ● ● ● | ● ● ● ● ●

```
    9
_____ + _____
```

● ● ● ● ● ● |

```
    6
_____ + _____
```

找出所有「相加等於 10」的組合

　　接下來請在移除圓圈的情況下，直接用數字和加號來算算看吧！我們來看一下所有「10 以下數值」的加法，請和孩子討論看看哪些數字相遇，能組合成屋頂的數值，並引導孩子以數字來回答。這道題目，可以幫助他確實理解「一個數字可以由各種不同的數字組合、相加而成」。

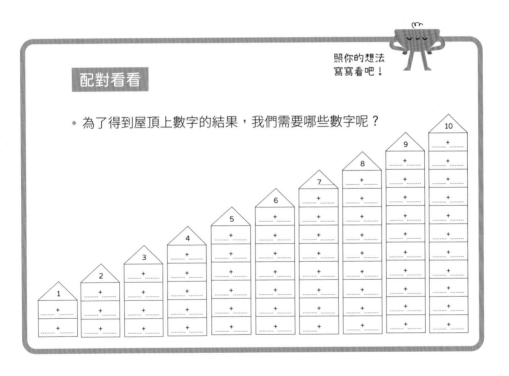

這道題目同時告訴了孩子數字所蘊含的多重意義。最初認識數字時，孩子大多是一邊背著「1、2、3、4……9」，一邊學習的，因此對數字的認知只限於「序數」，很有可能單純認為數字是代表「順序」。但是「5」既可以是「第5」，也可以是「5個」的意思。這道題目中遞次增加的方格，能幫助孩子自然瞭解數字其實還包含「量」的概念。雖然屋頂2底下有3個方格、屋頂3底下有4個方格，不過他們在此階段不會在意這些小細節，只會本能地透過題目認知到3比2「更多」的事實。同時也會自然領悟到當0寫在加號前後時，原來是沒有增加任何東西的意思啊！

　　而孩子在解題過程中，有可能會發現這隱藏的「規律」。舉例而言，他們在將0＋4、1＋3、2＋2、3＋1和4＋0填入屋頂4底下的方格時，可能會發現當前面的數值變大，後面的數值就會變小。請引導他把這種規律的意義和加法概念連結，並加以說明。

　　「媽媽，前面的數字少了1，後面的數字就會多1耶。」
　　「哇，真的耶，好厲害的發現！不過你覺得為什麼會這樣啊？」
　　「因為有一個數字變小的話，另一個數字就要變大才可以吧？」

　　假如孩子無法自己察覺的話，請稍微給他一點提示，引導他發現這種規律。

試著自己出題目

如果成功走到這步的話，請讓孩子試著自己出題目吧！容我再強調一次，德式數學教育的核心，是透過親自出題並發表的方式，培養後設認知。因為唯有清楚掌握了自己的「已知」與「未知」，才能邁入下一個階段！

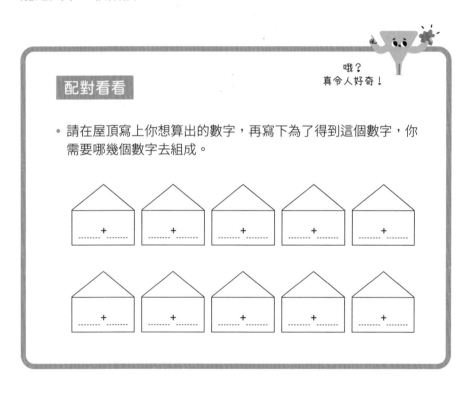

20 以前的數字與位值

　　若已熟悉了 10 以下的加法，接下來就是把數字範圍擴展到 20 的時候了。為此，孩子必須瞭解十進位的原理——位值，然而這對他們而言絕非易事。學習 10 以前的數字時，對他們來說只是「新的數字」，但在第一次學習 11 到 20 的數字時，孩子經常把 11 看作兩個 1 並列的數字，而不是比 10 大 1 的數。因此，如果要求孩子寫出「十一」，他可能會寫出「101」，即便正確地寫出來了，通常也不見得完全理解 11 的意義——因為他們不瞭解即使看起來都是「1」，但數字的大小會隨著其位置而改變的概念。

　　重要的是，孩子必須理解 11 等於 1 個 10 加上個位 1，是比 10 大 1 的數字。假如已確實掌握先前所學的「相加等於 10」概念，那麼要理解位值就不會是件困難的事。

學習 10 以上數字的遊戲

經歷以下四個階段，將讓孩子確實瞭解比 10 大的數代表什麼意義，以及該怎麼寫。這是教導他何謂 10 個一數與個位數的組合，並讓他實際將其理解為數字的過程。

請準備 20 個鈕扣或積木等外觀相同的物件，以及寫上 1 到 20 的數字與加號（＋）的字卡。以下舉例說明如何讓孩子理解 11。

第一，請將 11 個鈕扣分為 10 個與 1 個，10 個擺上方，1 個擺下方。

「哇，這些鈕扣比 10 個還要多！要怎麼算呢？沒錯，把 10 個鈕扣分成一組，這樣有一組 10 個鈕扣，而且還剩下 1 個耶！」

第二，請將數字卡中的 10 與 1 擺在鈕扣旁邊。

「它們的數量是這樣寫的！」

第三，當孩子正在注視時，請一邊將數字卡水平排列開來，並在數字間插入寫了「＋」加號的卡片。

「好，現在我們把 10 和 1 相加看看吧？」

第四，請擺出 11 的數字卡。

「10 加上 1 就變成 11 了！」

這是在教導孩子將 10 看作基準，然後把每 10 個物品分為一組，再將剩下的物品數量寫在原本 0 的位置的過程。而 10＋2 到 10＋10 也可以透過相同的方式來學習；當然也不能跳過 10＋0 哦！若想說明地更仔細，可以用 1 的字卡蓋在 10 的 0 之上，來解釋 10 個一數和將剩餘的數量取代 0 的概念。

看看右頁這張表，請讓孩子在第三欄寫上正確的算式。只要學好這個概念，就能建立輕鬆理解的基礎，未來遇到更大的數值時也不會手足無措。

●●●●●●●●●●	10 0	10+0	10
●●●●●●●●●● ●	10 1	10+1	11
●●●●●●●●●● ●●	10 2	10+2	12
●●●●●●●●●● ●●●	10 3		13
●●●●●●●●●● ●●●●	10 4		14
●●●●●●●●●● ●●●●●	10 5		15
●●●●●●●●●● ●●●●●●	10 6		16
●●●●●●●●●● ●●●●●●●	10 7		17
●●●●●●●●●● ●●●●●●●●	10 8		18
●●●●●●●●●● ●●●●●●●●●	10 9		19
●●●●●●●●●● ●●●●●●●●●●	10 10	10+10	20

以 10 爲準，認識 20 以下的數字

若是玩夠了鈕扣、積木與字卡遊戲，就開始讓孩子動手寫數字吧！這道題目，是要以先前學過的 10 為基準，來學習 11 到 20 的數字。以下是以 11 為範例的題目。

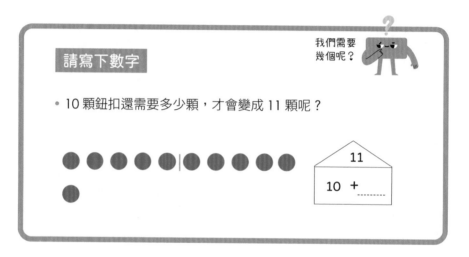

完成這道題目，孩子就能完全瞭解 11 是比 10 大 1 的數了。接著請以同樣的方式出 10 + 2 到 10 + 10 的題目吧！假如孩子到了這步都能好好跟上來，就可以進行反向運作的過程，也就是比較 1 ～ 10 與 11 ～ 20 的活動。透過比較相差 10 的數字這種方式，能讓他們瞭解一個數字若增加了 10 單位，會發生什麼事情。

下一道是比較 1 與 11 的題目。可以在紙上畫圓圈，也可以利用能實際觸摸的鈕扣當素材。

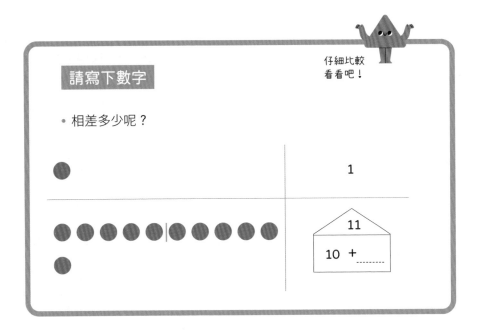

請比較 1 與 11，並問孩子「11 比 1 大多少呢？」再稍微利用手勢引導他自己說出「11 比 1 大 10！」，以這樣的方式完成從 1 到 10、11 到 20 的比較。

比較 11 到 20 大小的遊戲

下個階段，是比較從 1 到 20 的大小。即使孩子已經熟悉了 11 到 20 的數字，但要真正瞭解 11 與 14、14 與 15 有何差異，還是有些困難。因此，請將 1 到 20 一字排開，讓孩子理解這些數字間有何種關係。

以下介紹德國數學課本中出現的骰子遊戲。請先準備一顆骰子、兩個棋子，以及寫上了 1 到 20 的板子。為了增添趣味性，也可以運用孩子喜歡的素材，編出一段故事，我就為老二編了一個王子要拯救困在城堡裡的公主故事。請在空白的板上與孩子一起親手寫上數字和畫畫，母子共同畫出題目的話，孩子會更容易融入情境中。

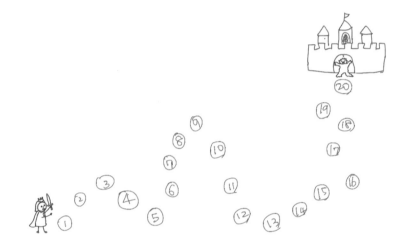

首先請擲骰子，然後依照擲出的數字移動棋子。這時，請一邊唸出板子上的數字，一邊移動棋子。舉例來說，棋子原本在 3 的位置，如果骰子擲出 5 的話，就把棋子依 4、5、6、7、8 的順序移動，並直接將數字唸出來。接著再說：「棋子從 3 開始，走 5 格到 8 了！」先走到 20 的人就贏了。

玩到這裡的話，關於 20 以下數字的學習就完成了！

我們還可以利用這塊板子，先練習一下學乘法時會需要的跳躍
計數。請先決定好，是跳最多的人獲勝，還是跳得少的人獲
勝，然後各自依據用骰子擲出的數字跳棋子（擲出 3 的話，就
一次跳 3 格）。最後，數數看到 20 之前總共跳了多少次，以決
定獲勝者。

相加等於 20

如果孩子已能以 10 為基準說明 20 以前的數字（11 是 1 個 10 和 1 構成的數），而且熟悉 20 以前數字的順序，接下來就輪到學習「相加等於 20」的階段了。

搶糖果遊戲

在開始解題之前，請利用孩子喜歡的零食來玩一場「搶糖果遊戲」吧！

請準備好托盤、20 顆糖果和兩個盤子，將托盤擺在餐桌或書桌上，放上全部的糖果，和孩子一起數糖果的數量，讓他理解何謂「20 顆」。盤子則是由孩子和媽媽各拿一個，「噹！」一聲比賽開始後，雙方要在指定的時間內（5 秒左右），盡可能從托盤中多拿一

些糖果到自己盤中。

指定時間結束後，請數數看自己盤中有幾顆糖果，然後寫在紙上。接著將孩子寫的數與媽媽寫的數並列，一邊唸出數字，一邊確認誰的盤子中糖果比較多，裝最多的人就獲勝！

這時，孩子已經理解兩個盤子中糖果數量相加會等於 20 顆的事實，所以如果多玩幾次，即可透過遊戲親手掌握「相加等於 20」的各種組合。

運用「相加等於 10」學習「相加等於 20」

如果已透過遊戲充分練習過相加等於 20 的值了，那麼就可正式開始寫寫看相加等於 20 的組合，這次當然也是利用「相加等於 10」的方式進行。

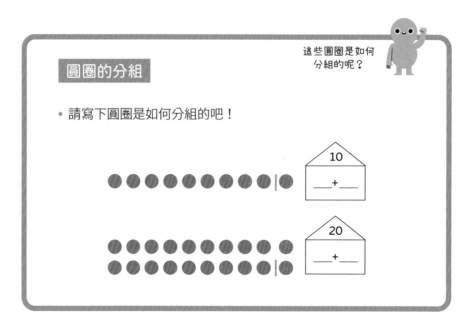

這是一個同時將「相加等於 10」與「相加等於 20」並列的題目。請讓孩子先解開上方題目，再解下方的題目。由於他已經學過了「相加等於 10」，應該能輕易寫出上方的答案「9 + 1」。接下來，請他寫出下方 19 個加上 1 個等於 20 個的式子。因為先前已反覆學過 11 是比 1 大了 10 的數，所以孩子將很快發現「相加等於 20」的組合都比「相加等於 10」的組合大 10 的事實。請依上述方式，教他學習 18 + 2、17 + 3……到 10 + 10 的組合。

運用圖案充分練習後，就請孩子練習以數字解題。這次也一樣，先讓他練習過「相加等於 10」的組合後，再學「相加等於 20」就會更容易了。

運用下面房子圖案的題型，將會對練習有幫助。第三道題與第四道題，是為了引導孩子利用左邊的「相加等於 10」組合來寫出右邊的數字。若利用 3 + 7，就能讓孩子明白右邊可以是 13 + 7 或 3 + 17 的事實。最後請自己設計題目，除了範例題以外，還可以出各種組合的題目。

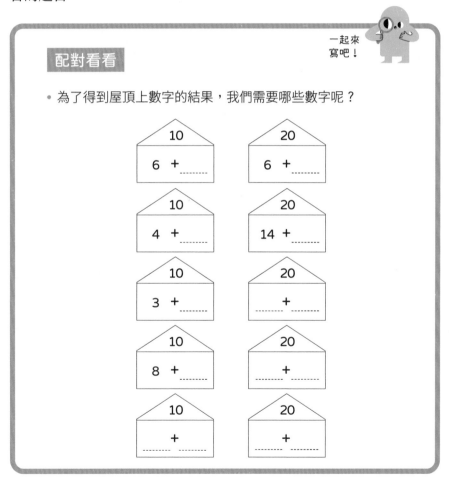

一起來
寫吧！

配對看看

• 為了得到屋頂上數字的結果，我們需要哪些數字呢？

現實生活中的「相加等於 20」

　　請花一點時間，利用日常中的素材與情境，來複習先前學過的內容。德國課本中出現的題目大部分是金額計算，例如在購買馬戲團門票、入場券時，或在超市採買時，可以讓孩子思考該怎麼計算，讓他們自然而然培養對數字的感覺。

　　即使不是金錢，只要是現實生活中容易接觸到，能應用到數學的東西都好。像數數點心零食、玩具，或讓孩子數數看書櫃上的書本數量，運用彈珠、繩子等物品也不錯。藉此讓孩子瞭解數學並不是什麼遙不可及的概念，而是與我們生活的世界有密切關係、絕對必要的課題。

一起來學習
等號的意義與用法

　　既然已完全掌握加法的概念，現在終於可以學習加法的完整算式了。之前學習相加等於 20 的組合時，還沒用上等號（＝）。接下來，我們要將已學過的加法概念結合等號，讓孩子瞭解這才是完整的加法算式。

　　等號代表「在等號左右兩邊的值是相同的」，但若因為錯誤的學習，導致孩子誤以為等號的角色類似於請求問題解答的「問號」，那會發生什麼事呢？閱讀題旨、寫出算式時，孩子可能會感到很困難；升上國中學習方程式時，也會變得很辛苦。因此，德國小學不會把等號與加法綁在一起教學，而會隔一段時間才教等號，這是為了讓學生能清楚掌握兩者各別的意義。

遊樂場遊戲

請和孩子一起畫畫，然後在底下寫出算式，幫助他認識等號。在德國課本中，是藉著朋友來遊樂場玩的故事讓孩子瞭解等號的。「原本有 2 位朋友在沙坑玩，後來又來了 3 位朋友，總共變成 5 個人了；這就和 2 加 3 等於 5 是相同的。」課本是以類似這樣的方式向學生說明。

故事的內容不一定要關於遊樂場。只要利用孩子喜歡的情境或素材，並幫助他以自己的方式表達出來即可。在這個階段，我也採用了「精靈」作為素材，向孩子說明等號的概念。

「3 位粉紅王國精靈來到派對了，原本已經有 5 位紫色王國精靈到了，那現在總共有 8 位了。這就和『3 加 5 等於 8』是一樣的。」

等號既非「問號」，也非「是」的意思

即便玩過遊戲，也聽了「和……一樣」的說明後，孩子很有可能仍將等號看作是求出解答的符號。這時，就需要讓他練習自由改寫算式了。

請準備一大張紙，左上方寫上大大的「5 =」，接著請問孩子：

「相加等於 5 的數字組合有哪些啊？」

那孩子就會隨意地說出相加等於 5 的數字組合，然後媽媽將這些數字寫在紙上。如果孩子喜歡寫字的話，不妨請他自己寫下來。等他說完所有組合後，再和他一起檢視寫下來的數字，並說明等號的概念。

5=0+5
5=1+4
5=2+3
5=3+2
5=4+1
5=5+0

「哇！你都知道耶！沒錯，1+4 等於 5，2+3 也等於 5，所以『＝』這個符號，就是代表『左邊和右邊一樣』的意思哦！」

若已利用「相加等於 5」的概念說明了等號的性質，下一步就是幫助孩子理解等號並不是求出答案的符號，而是代表「相等」的意思。雖然此前已藉由算式說明過「加法」不一定得在等號的左邊，也可以在右邊，但學校或試題本出的題目，總是以□＋□＝□的形式出現，因此孩子難免容易誤會等號的意義為「是」。

接著準備一張紙，請孩子練習將同樣的算式換個方式寫。為了讓他明白等號兩邊相等的概念，我們必須說明加號無論放在哪一邊都沒關係。

請指導孩子依照右邊方格的例子寫出算式。如果他不太能理解的話，麻煩媽媽先寫一次，再解釋給孩子聽。

「3 加 5 和 8 是一樣的對吧？（在紙上寫下 3 ＋ 5 ＝ 8）8 和 3 加 5 也一樣對吧？（在紙上寫下 8 ＝ 3 ＋ 5）所以，等號的左邊和右邊是一模一樣的！」

3+5=8
8=3+5
10+4=14
14=10+4
10+8=18
18=10+8

如此用心說明，還寫出來給孩子看，他是否真的徹底瞭解等號的意義了呢？讓孩子算算看右頁裝糖果的題目，就知道了。

似乎有某種規則？

孩子認識了等號後，就有能力計算完整加法算式的題目了，請在之前已學過的「10 以下加法」題目中加上等號即可。這時，請將三個算式分為一組，我們再次確認看看「當數字遇上加號」時會有什麼特徵。

看起來
好好吃！

放入糖果

- 請用盒子裝兩種口味的糖果，但只能放入指定的總數哦！

7 = ＿＿＿＿＿ + ＿＿＿＿＿

4 = ＿＿＿＿＿ + ＿＿＿＿＿

5 = ＿＿＿＿＿ + ＿＿＿＿＿

9 = ＿＿＿＿＿ + ＿＿＿＿＿

　　在算這些題目的同時，請出下列題目給孩子，並讓他有自己思考看看的機會。別只是讓孩子從幼兒園開始就熟練計算，而是要提升他對加法的理解力，擴展他的思考力。

嘿,
會很有趣的!

解決加法問題

• 請解解看以下的題目吧!

4+4= _____   1+4= _____   3+2= _____

4+5= _____   2+4= _____   4+3= _____

4+6= _____   3+4= _____   5+4= _____

「(對正在算第一組題目的孩子說)前面的數字都一樣,可是後面的數字都比上一個大 1,那要填進空格的數字會怎麼改變呢?」

「(對正在算第二組題目的孩子說)後面的數字都一樣,可是前面的數字都比上一個大 1,那要填進空格的數字會怎麼改變呢?」

「(對正在算第三組題目的孩子說)前面的數和後面的數都比上一個大 1,那要填進空格的數字會怎麼改變呢?」

透過這道題目,孩子會發現到加法算式的一個重要特徵,那就是以加號連結的兩個數字變大多少,等號右邊的值也會隨之變大多少;反之,加號連結的兩個數變小了多少,那等號右邊的值也會隨之變小多少。

隨著課程的深化,將會出現必須知道上述原理,才能解答的題目。但若等到課程深化時才試圖理解這個原理,就會覺得非常困

難。像這樣，透過反覆練習簡單的題目來學習加法的重要特性，未來在解開難度更高的深度應用題時，將大有幫助。

學習加法的交換律

接下來要學習加法的交換律。其實在學習 10 以下的加法時，我們已經歷過這部分了。當時主要是要理解數字的和可以有多種組合，而此階段的目的則是學習加法算式的特性。指導時如果利用孩子喜歡的零食來舉例說明，會更容易。

「媽媽昨天給了你 7 個巧克力，但是爸爸又給了你 1 個，那你總共收到了幾個巧克力呢？（若孩子回答 8 的話）7 加 1 就和 8 是一樣的。」

「今天媽媽只給了你 1 個巧克力，但是爸爸給了你 7 個，那你總共收到了幾個巧克力呢？（若孩子回答 8 的話）1 加 7 就和 8 是一樣的。啊，那你昨天和今天，都收到了 8 個巧克力耶！」

如果孩子藉由上述題目理解了 1 + 7 與 7 + 1 是相同的，那接著就請他算算看這個不同顏色圓圈的題目吧！計算下列題目時，請把紅色圓圈和綠色圓圈相加。無論是將紅色圓圈加上綠色圓圈，或是綠

色圓圈加上紅色圓圈，答案都不會改變。如果練習將這個過程寫成算式，就能徹底明白等號概念與加法交換律了。

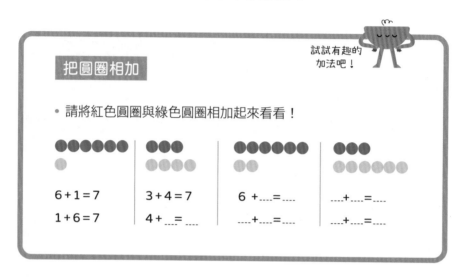

接下來請讓孩子不看著圓圈，單純利用算式來求出答案，並擬定交換律應用題組，請他將答案填入空格中。最後的題目是要自己寫出適用交換律的算式，請讓孩子自己選擇數字，並設計出題目。

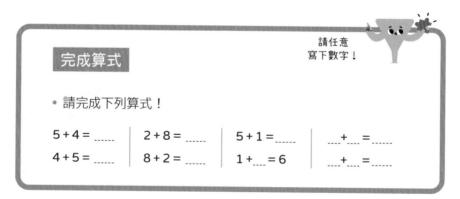

目前為止，我們學過了以十進位為準來衡量數值的方法，以及加號與等號的概念。也瞭解了當數字碰上運算符號時會發生什麼情況，兩者間又有什麼關係——那麼，孩子現在已經建立好繼續學習 10 以上數字的運算方法了！

學習以 10 為基準，
計算加法與減法

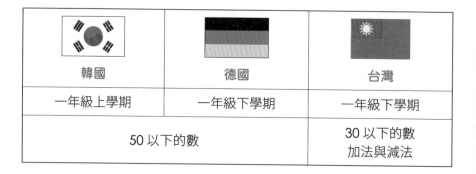

課程比較		
韓國	德國	台灣
一年級上學期	一年級下學期	一年級下學期
50 以下的數		30 以下的數 加法與減法

此階段的目標是利用 10 來學習加法與減法的計算方式，和理解加法與減法間的關係。我們會把加法與減法概念學得更廣、更深。因此，在這個階段以前，孩子必須好好理解 20 以下數字的絕對意義與相對意義，並且能以 5 和 10 為基準去解釋數字。若此前的課程都學得夠扎實了，就不會有太大的問題。

雖然在這個階段，我們會更認真看待數學，但「趣味」依舊是最重要的。所以如同往常一樣，請運用孩子喜歡的情境與素材引發他的興趣，然後幫助他解決更進階的題目，並在做加法與減法運算時獲得成就感。

計算相加
大於 10 的數字

現在來練習比「相加等於 10」更大的加法運算吧！這是往後將學習到的加法運算的重要基礎概念。由於多位數加法是以此為基礎進行，因此必須完完全全地掌握好這個概念，才能進入下個階段。

其實這不會非常困難，因為先前進行過以 10 為基準的思考練習了。我們已瞭解一位數加上 10 會變成「十幾」和「相加等於 10」的數字組合了，對吧？

以下讓我們透過圖像來理解這個概念。

看起來都是很熟悉的概念了吧？對已經能以 10 為基準去思考的孩子來說，再學習以 10 為基準的加法運算方法並不困難。

在這個單元裡，我們將會把這些概念進行分類並明確地定義，利用 10 來學習計算的方法。如此一來，無論是多複雜的運算，也都能以簡單的方式進行。一起建立好自由駕馭 10 以上的 100、1000，甚至更大數字的基礎吧！

用手指計算的遊戲

先以簡單遊戲來暖身一下吧！你曾經想像過，第一次看見如 7 + 5 這種突然增加位數的加法題目時，孩子會有什麼感受嗎？當他已將 10 隻手指全都伸出來，卻沒有更多手指能繼續算的時候，你知道他的表情有多驚慌？孩子忽然被要求「算算看」他無法用手指計算出的難題，必然會感到慌張挫敗——這時候，父母的手指就能派上用場了！

有些家長會責備孩子用手指計算，但我反而想鼓勵用手指計算的方式。手指是練習運算時非常好用的工具，畢竟十進位概念其中一個可能的起源，就是因為人類有 10 隻手指。只要有手指，我們無論何時何地都能透過視覺進行計算，請放心一起伸出手指頭指導孩子

吧！這是一個能讓初接觸二位數算式的孩子瞭解這其實不如想像中困難的遊戲。

在計算 7 + 5 的答案時，請讓孩子伸出 7 隻手指，媽媽則打開一隻手掌，把 5 隻手指放在孩子的手旁邊（為了要湊到 10，請放在孩子比出 5 的手旁），讓他數數看有多少。

孩子算算自己的 5 隻手指和媽媽的 5 隻手指，就會得知相加等於 10，於是看到剩下的 2 隻手指時，自然能輕易明白答案等於 12 ── 我們家小孩形容：「這好像魔法一樣！」

透過前述方式，活用能觸摸到的實物作為道具，與孩子一起解決進位的題目，他就會有自信面對這些試題了。

計算（幾）+（幾）=（十幾）

在玩手指計算遊戲時，不是會把雙手的五隻手指全展開來表示 10 嗎？這就是利用 10 來計算（幾）+（幾）=（十幾）的第一步了。我們來算算看題目吧！

利用 10 來計算（幾）+（幾）=（十幾）時，有兩個策略。

第一是先分解一個數字後，再將另一個數字湊成 10 的計算。以下

我們將之稱為「= 10」。比如說，計算 7 + 5 時，為了把 7 變成 10，我們先將 5 分解為 3 與 2，接著把 3 與 7 相加，剩餘的 2 則與 10 相加。

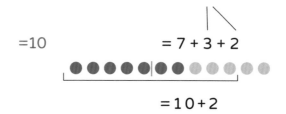

第二是計算 9 + □ 的策略。在德國，9 這個數字經常會被看作比 10 小 1 的數，以下我將這種策略稱為「with 10」。進行乘法與除法運算時，德國學校也會訓練學生將 9 當作「比 10 小 1 的數」來計算。如果以 with 10 策略計算 7 + 9 的話，會以 7 +（比 10 小 1 的數）的方式解釋。這樣的話，學生只要寫出比 7 加上 10 的值小 1 的數，或求出比 7 小 1 的數加上 10 的值即可。

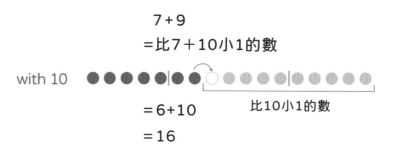

首先，請使用= 10 這個方法計算下列題目。剛開始請不要直接以算式計算，務必畫出圓圈再計算。如果已經利用圖像理解算式，接著請以算式來計算同一個題目。萬一使用畫圓圈的方式也難以理解的話，請用兩種顏色的鈕扣、積木或糖果等能觸摸的實物，幫助孩子先透過視覺好好地理解加法。來看看左邊的第一個題組：

享受解決
它的樂趣！

用= 10 方法相加！

- 數字加起來大於 10！該如何解決呢？

7 + 3 = ...	8 + 2 = ...	6 + 4 = ...
7 + 4 = ...	8 + 3 = ...	6 + 5 = ...
7 + 5 = ...	8 + 4 = ...	6 + 6 = ...

一個題組裡由三個算式構成，最上面的算式是用來估算其他算式的基準，能幫助孩子更輕易求出下面兩個式子的解答。因為 7 + 3 等於 10，於是能藉此算式引導孩子察覺 7 + 4 比 7 + 3 大 1。為了算出 7 + 3 的答案，請以兩種不同顏色的色鉛筆各畫出 7 個與 3 個圓圈（無論是三角形、四角形都可以）。這時透過視覺化的方式，精準地在每五個圓圈間畫出一道直線。然後確認看看親自畫出的圓圈，再以數字寫出答案，最後再次確認 7 + 3 的解答是否正確。

$$7 + 3 = 10$$

接著，請比較並畫出 7＋4 與 7＋3。由於後面的數字從 3 變成 4，相較於畫 7＋3 時，孩子得再多畫出一個圓圈。請和他一起確認看看現在總共有幾個，並寫下答案。

$$7 + 4 = 7 + 3 + 1 = 11$$

而 7＋5 也以同樣的流程進行計算即可。先畫出圓圈，確認圓圈的個數，最後寫下解答。

$$7 + 5 = 7 + 3 + 2 = 12$$

算完所有題目後，請與孩子一起比較這三個算式，討論有何差異。此外，也幫助他領悟到當式子前面數值不變時，後面的數值若改變，則答案也會隨之改變的事實。

有人說：「畫圖對孩子或媽媽來說都太簡單了，一定得用畫圖的方式寫算式嗎？」

是的，請務必按照這方式指導孩子。透過各種感官習得的內容，大腦會記得更清楚。如果僅以雙眼觀看，或僅以抽象思考方式寫下

數字，很快就會忘記學過的內容。比起快速求出解答，在此階段更重要的是讓孩子利用 10 進行計算，並透過視覺清楚地確認計算過程。孩子必須經歷視覺認知階段，大腦才能正確地理解，往後才能進行複雜的乘法或除法會需要的無數次加、減法心算。假如不想看到孩子因為不會心算而驚慌失措的話，請帶著孩子確確實實地學習此單元。

接著是第二種方法——請利用「with 10」和孩子一起算出下列題目。這次也一樣指導孩子先畫圖，或利用鈕扣、積木湊成 10 個的方法求出答案，再親手寫出來。

算算有趣的
加法吧！

利用 with 10 策略把數字相加

• 比「相加等於 10」更大的數，該如何算出來呢？

2 + 9 = ...　　3 + 9 = ...　　4 + 9 = ...

5 + 9 = ...　　6 + 9 = ...　　7 + 9 = ...

8 + 9 = ...　　9 + 9 = ...　　1 0 + 9 = ...

以下示範一下如何以畫圖的方式把題目畫出來再解題。求出這道題目答案的關鍵，在於將 9 看作「比 10 小 1」的數字。

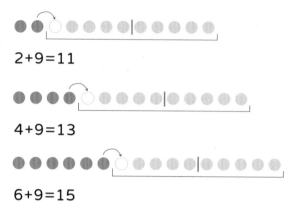

2+9=11

4+9=13

6+9=15

全都算出來後，讓孩子從題組中找出題目與答案的規律。請他說說看當前面的數變大時，答案變大了多少。這時，留意一下他能否以「自己的話」重新解釋一次，而非說出已經背好的答案。

一步步計算（十幾）＋（幾）＝（十幾）

現在來擴張一下數的範圍吧！

首先，將 5 和 10 分別與相同的數字相加後進行比較，然後來觀察（十幾）＋（幾）吧。此時的關鍵是必須將 10 看作 5＋5，我舉第一個題組為例來說明：若孩子已知道求出 5＋1 和 5＋6 的方法與答案了，那麼在此前提下，為了計算 10＋1，他得將 10 分解成 5＋5，就可以把題目改寫成 5＋5＋1。如此一來即可明白 10＋1 其實與 5＋1 再加上 5 相同，因此 5＋6 與 10＋1 的答案是一樣的道理。

透過各種角度觀察多個數與數的關係，孩子對數字的感覺將會變得越加敏銳。

算算有趣的
加法吧！

相加看看

- 請算出各種加法的答案吧！

5+1= _____	5+2= _____	5+3= _____	5+4= _____
5+6= _____	5+7= _____	5+8= _____	5+9= _____
10+1= _____	10+2= _____	10+3= _____	10+4= _____
10+6= _____	10+7= _____	10+8= _____	10+9= _____

接下來，請幫助孩子在解題時，能以直覺的方式理解（十幾）+（幾）其實就是（幾）+（幾）再加上 10 的數。

算算有趣的
加法吧！

相加看看

- 請算出各種加法的答案吧！

4+3= _____	10+4+3= _____	4+2= _____	4+2+10= _____
5+3= _____	10+5+3= _____	5+2= _____	5+2+10= _____
6+3= _____	10+6+3= _____	6+2= _____	6+2+10= _____

突然遇到像 14＋3 這種題目時，孩子是有可能對變大的數感到慌張的。因此，請幫助他將數字分解為 10＋4＋3，讓他能以已知的 10 和 4＋3 去思考。透過這道題目，他將會理解 14＋3 等同於 4＋3 再加上 10，自然而然地學會了數的位值概念。

完成了以上訓練後，除了將數字分解成 10＋（幾）＋（幾）的題目以外，請讓孩子算算看能夠從（幾）＋（幾）直接進階到（十幾）＋（幾）的題目吧！

這些題目之間有關聯嗎？

相加看看

• 請算出各種加法的答案吧！

5＋4 = ___	7＋2 = ___	8＋2 = ___	3＋0 = ___
15＋4 = ___	17＋2 = ___	18＋2 = ___	13＋0 = ___

3＋4 = ___	5＋2 = ___	0＋4 = ___	2＋4 = ___
13＋4 = ___	15＋2 = ___	0＋14 = ___	2＋14 = ___

因為已經建立好以 10 為基準計算加法的基礎了，所以孩子在解這些題目時會覺得很容易，這就是我們的目標——題目輕鬆算、概念深鑽研。假如孩子能好好完成這段歷程，就不會覺得二位數的加法過於困難。

其實我們已學完所有重要的基本概念了，接下來只是擴大數字的範圍而已。那麼，我們如何知道孩子對此階段的概念和原理理解了多少呢？

請要求孩子試著自行出題吧！我家的小孩特別喜歡自己扮成老師出題目，父母扮成學生的角色扮演遊戲。

遊戲就像這樣進行！

「老師出題囉！你來算算看！5+9 要怎麼計算呢？」

「老師，這太難了，請給我一點提示吧！」

「仔細想想看 9 要怎麼相加吧！」

「啊！只要把 9 想成是比 10 小 1 的數字，就可以了吧？」

「沒錯！」

「所以 5 加上比 10 小 1 的數……答案是 14！」

「太棒了！老師給你一張貼紙！」

腦科學研究已經證實了「教學」正是最好的「學習」，在教重要概念時，請稍微假裝自己也不太瞭解，引導孩子自己解釋看看吧！也可以故意寫錯答案，確認孩子能否指出錯誤。即便他未能掌握好而設計了奇怪的問題，也請表現出自己認真解題的樣子。

日後，當家長問孩子「老師，請教我怎麼算這題」時，再藉著設計出正確的題目，來指導孩子出題的方法——這麼一來，他的後設認知將會有長足進展！

減法的第一步

在德國，減法是在學生充分掌握 20 以下加法基本概念後，才會開始學習的。

從腦科學角度來看，減法比起加法需要經歷更多的思考過程。透過視覺，我們能輕易理解加法的概念，然而要理解「消失」或是「借用」的概念，就有點複雜了。因此，對孩子而言，減法比加法更為困難！

正因如此，在德國是不會同時教加法與減法的，而是等學生充分練習過加法後，才開始教減法。假如同時讓孩子學習兩種概念，他們會對較困難的減法產生負面的情緒，於是開始逃避或忽視減法的學習。慶幸的是，假如已依照德式課程好好學習加法的話，孩子對先前學過的「相加等於 5」、「相加等於 10」等數的合成與分解已相當熟練，因此學習個位數減法時，將不會感到太困難。而學習減

法的過程，其實和加法大同小異，同樣是從遊戲開始，利用可觸摸的實物，讓孩子熟悉減法。

趣味的減法故事遊戲

這次也請運用孩子著迷的素材吧！像是鯛魚燒、汽車、恐龍等，無論是什麼都可以。舉我家老大為例，他為了複習之前因專注於學德語而疏忽的減法，玩了很多次紙上作戰的遊戲。這個遊戲是在一大張紙上畫出各自擁有的大砲、槍枝和弓箭等，然後動員所有能畫出來的武器以消滅對方的士兵——孩子其實也搞不懂這是在學減法還是在玩遊戲，就沉浸在其中了。而如此強烈的體驗，將會深深印在腦海中。若解題時不太清楚概念，腦中就會浮現以前玩遊戲的畫面，而得以解決問題。

在指導老二時，我再度活用了精靈王國派對這個主題。雖然孩子已經知道了 20 以下的數，但為了讓他們能專注於減法的概念，必須先將數的範圍縮小至 10 以下。此外，與先前學加法時利用房屋形狀圖案的方法不同，這次我們可以直接使用等號來寫算式。

請要求孩子自己說明一遍減法的情境，如果能透過故事理解的話，未來遇到文章式題型時，將能更輕鬆地建立算式。請家長再次以說故事的方式，明確地告訴孩子該如何以算式表達此情境。

「現在有 8 位精靈，其中有 3 位回家了，還剩下 5 位。」（寫下 8-3=5 的算式）

「哦！這裡有 5 片蛋糕，可是都沒人吃耶？」（寫下 5-0=5 的算式）「5 減掉 0 等於 5。」

計算（幾）-（幾）=（幾）

如果孩子透過遊戲稍微對減法概念留下了印象，那接著請讓他透過視覺去確認「減掉」的意義。

下列的題目將對減法學習有所幫助。請指導孩子以圖畫來表示減法，然後寫下答案。例如，請他在 8 - 6 這題旁邊的圓圈畫上 6 道斜線或刪除的記號，然後自己數數看剩餘的數量。萬一他覺得很困難，可以讓他利用積木或糖果等可觸摸的物品來表達。

請刪除圓圈～

減減看

• 請依照減法算式，在圓圈上畫斜線，並寫出答案。

8 - 0 = _____ ●●●●●|●●●   8 - 6 = _____ ●●●●●|●●●

8 - 1 = _____ ●●●●●|●●●   8 - 7 = _____ ●●●●●|●●●

8 - 2 = _____ ●●●●●|●●●   8 - 8 = _____ ●●●●●|●●●

算完所有題目後，請和孩子一起觀察解答，確認看看答案會如何隨著減去的數字變化而改變。這時他會意識到，當減去的數變大了多少，答案就會變小多少。換句話說，如果減去的數越大，那剩餘的數就會越小。雖然對大人來說這是理所當然的現象，對孩子而言卻是一項重大發現！

那麼，現在開始不畫圓圈，請單純用算式解題吧！然後再次出給孩子答案依固定差遞減的題組，讓他觀察數字的改變會如何影響答案的數值。

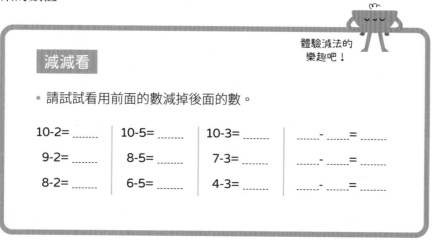

減減看

• 請試試看用前面的數減掉後面的數。

10-2= ___	10-5= ___	10-3= ___	___ - ___ = ___
9-2= ___	8-5= ___	7-3= ___	___ - ___ = ___
8-2= ___	6-5= ___	4-3= ___	

體驗減法的樂趣吧！

題組最上面所示的 10 減掉某個數的題目，是用來當作求出下方兩道題目的基準。當孩子看到第一題就會想起他最熟悉的「相加等於 10」組合，於是先寫出答案，再以此為準，計算出其餘式子的解答。而 9－2 這題是讓孩子以上方的 10－2 為基準，思考看看當前面

的數值小了 1 時，答案將會如何變化。

最後，請讓孩子自行出題並解題。最上面的題目必須是 10 減掉某個數，然後下面的數字要從 10 開始以固定間隔變小，後面的數應該都是一樣的，對吧？我們可以透過孩子能理解的問句形式來說明。剛開始他也許無法掌握這些題組的目的與規律，因此請說明這些算式間的關係，也可以玩之前扮演老師的遊戲。

計算單純的（十幾）-（幾）題目，培養數字敏感度

計算過 10 以下的數，也十分熟悉減法概念了，接著就能將數字的範圍擴大到 20 了。首先，我們必須先比較一下各種不用借位的減法。

第一題是比較（幾）-（幾）與（十幾）-（幾）的題目。

體驗減法的樂趣吧！

減減看

• 請試試看用前面的數減掉後面的數。

| 9-4= _____ | 7-3= _____ | 8-5= _____ | _____ - _____ = _____ |
| 19-4= _____ | 17-3= _____ | 18-5= _____ | _____ - _____ = _____ |

我們同樣可讓孩子藉由畫圖和排列積木的方式，以雙手和雙眼親自計算並確認後，再請他們寫下答案。

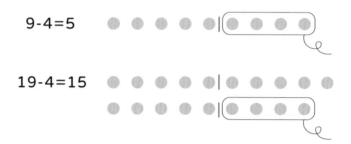

以下舉第一個題組的解題過程為例來說明。

請引導孩子將 9－4＝5 和 19－4＝15 並列比較，並說說看兩者間有何差異。這時，他將會看出兩式相差了 10。如果他確實明白了這點，就請他以數字寫下答案。

最後，帶著孩子親自出題，想想看同樣相差 10 的所有數字。

下一頁是比較（幾）－（幾）與（十幾）－（十幾）的問題。以 18 減去 13，就是個很容易操作減 10 的作法。同理，也可以先利用實物比較兩個式子，然後計算看看，最後再親自出題。

減減看

體驗減法的
樂趣吧！

• 請試試看用前面的數減掉後面的數。

8 - 3 = ...	7 - 2 = ...	6 - 4 = ...	...... - ...... = ...
18-13=	17-12=	16-14=	

請讓孩子以推估的方式解題。計算 13－9 可能有點難，但 13－10 就簡單了。以 13－10 為基準再減去 1 的方式，計算起來也較容易。

接著請指導孩子先解答下頁題組中的紅色算式後，再計算其上下的題目，因為只相差 1 的關係，只要以基準式去比較即可得出答案。假如孩子還是不太明白，請讓他親自畫圖或以實物演示的方式理解。

題組的上半部，是以之後減法中所謂的「with 10」為基礎的題目，而下半部則是以「=10」為基礎的問題。孩子必須先充分練習上述計算過程後，未來才能對涉及借位的減法進行心算。因此，請讓孩子有足夠的時間，以畫圖或排列實物的方式體驗計算過程。在此階段先建立好扎實基礎，孩子才能在日後每個學習階段發光發熱。

一起玩減法吧！

減減看

• 請試試看用前面的數減掉後面的數。

13-9 =＿＿＿	15-9 =＿＿＿	17-9 =＿＿＿	19-9 =＿＿＿
13-10=＿＿＿	15-10=＿＿＿	17-10=＿＿＿	19-10=＿＿＿
13- 11=＿＿＿	15- 11=＿＿＿	17- 11=＿＿＿	19- 11=＿＿＿

12-1 =＿＿＿	14-3 =＿＿＿	16-5 =＿＿＿	18-7 =＿＿＿
12-2 =＿＿＿	14-4 =＿＿＿	16-6 =＿＿＿	18-8 =＿＿＿
12-3 =＿＿＿	14-5 =＿＿＿	16-7 =＿＿＿	18-9 =＿＿＿

以 10 為基準計算減法

終於到了學習借位減法的時候了。現在該以系統的方式，好好爬梳一下上個單元稍微接觸過的減法思考過程了。韓國在教這段課程時強調直式運算，意即先從十位數把 10 借過來（借位）計算的方式，但在德國卻是引導學生直接以橫式進行計算。而減法也和加法相同，是以 10 為基準，學習有哪些計算減法的方式，以及依據數字的特性，有哪些方法能更有效率的解決問題。

計算（十幾）-（幾）=（幾）

可利用 10 來進行減法的方式有以下幾種。

第一個方法是，先分解後面的數，再將前面的數湊成 10，最後再減掉剩餘的數，求出解答。

將 16 - 9 分解成 16 - 6 - 3 後，先把前面兩個數相減變成 10，再減去 3 後求得答案 7。這在德國課本中是稱作「= 10」，因為已在第 3 章中學過，感覺很熟悉吧？

第二個方法是「with 10」，這也是孩子在學加法時稍微嘗試過的方法。先將 9 看成比 10 小 1 的數，把 16 - 9 改成 16 - 10 + 1 後，再依序進行計算。

從孩子的角度來看，這是已經學過的計算過程。雖然剛開始他們會把所有思考過程都寫出來再計算，但稍微熟練後，便能自動在腦中進行計算了。

當數字變大時，以 10 為基準的計算將會比直式運算更快、更準確。只要腦中開始以十進位為基準來思考，即可直接以橫式算出解答，因為學生不僅已掌握了數字的絕對意義，也瞭解了其相對意義。換句話說，學生能夠理解 5 的絕對意義是 5，但也是比「4 大 1」、「比 6 小 1」的數的概念。

然而，此教學法的目的，不僅是為了讓學生熟練橫式計算的技巧或快速正確計算的方法而已，這是因為十進位將會是往後數學課程的基礎。訓練十進位的最好方法，即是持續讓孩子想起十進位。為此，必須讓他們練習以 10 為基準計算的題目，以及與 2 ～ 3 道題目所構成的相關題組。這就是為什麼在德國課本中，運算題幾乎都是

2 ～ 3 個題目一起出現的原因。

請先讓孩子以「= 10」的方法求出下題的答案。

來算算有趣的
減法！

請減減看！

• 把前面的數變成 10 的話，會發生什麼事呢？

15 - 8 = ...	16 - 7 = ...	19 - 9 = ...
13 - 8 = ...	16 - 8 = ...	17 - 8 = ...
11 - 8 = ...	16 - 9 = ...	15 - 7 = ...

與加法一樣，請先使用圖畫或實物等具象化的方法教學後，指導孩子將同樣題目的計算過程全寫成算式，來進行運算。

以下是運用圖畫或實物來教孩子計算 15 - 8 的方法。請引導他思考，如果要將前面的數變成 10，那該如何分解後面的數字 8，並靜靜從旁協助他進行將 8 分解為 5 和 3，以 15 減掉其中的 5，然後再減掉 3 的計算過程。

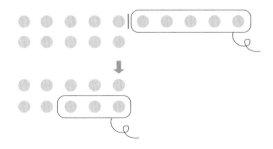

假如已藉著圖畫或實物瞭解了計算過程，接著請讓孩子把同樣的題目寫成與下列相同的算式，進行計算。

$$15-8 = \underline{15-5-3}$$
$$= 10-3$$
$$= 7$$

同樣地，這次也請讓孩子思考看看，答案是如何隨著這些題組的前、後數字的改變而變化的。

下列題目，請使用「with 10」的方法和孩子一起算算看。關鍵是要把 9 看作比 10 小 1 的數字！我們一樣先讓孩子用鈕扣或圖畫求出答案後，再以算式將同樣的題目計算一次。

算算有趣的減法吧！

請減減看！

• 把後面的數變成 10 的話，會發生什麼事呢？

19 - 9 = _____	15 - 9 = _____	12 - 9 = _____
18 - 9 = _____	13 - 9 = _____	14 - 9 = _____
17 - 9 = _____	11 - 9 = _____	16 - 9 = _____

那該如何指導孩子計算 18－9 呢？請孩子不要減掉 9，而是以先減掉 10，再加回 1 的方式計算。

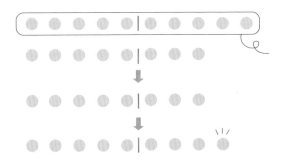

這段過程可寫成下列算式。

$$18-9 = 18-10+1$$
$$= 8+1$$
$$= 9$$

已經分別學過這兩種方法的話，就該培養依據題目來制定策略的能力了。請讓孩子根據題目，從先前學的兩種方法中，選擇看起來較有效率的解法來計算。最後，一樣請他自行出題，再自行解題看看，並協助他以棋子或糖果等實物進行計算，好讓他能確實地理解和執行。

分解看看！

來試試減法吧！

● 可以用哪些方式來進行呢？

14-7= _____	16-8= _____	11-5 = _____	_____ - _____ = _____
15-9= _____	14-6= _____	12-4= _____	_____ - _____ = _____
15-8= _____	17-8= _____	18-9= _____	_____ - _____ = _____
13-7= _____	14-5= _____	16-9= _____	_____ - _____ = _____

　　在此階段中，請向孩子仔細說明清楚各算式間的關係。舉例來說，我們來比較看看 15 - 9 與 14 - 7 兩個式子。14 是比 15 小 1 的數，而 7 是比 9 小 2 的數。在減法算式中，當前面的數少了 1，而後面的數少了 2 的話，那答案會如何變化呢？必須讓孩子思考看看這個問題。如果以一個孩子容易想像出來的情境來解釋，他會更能理解其中的原理。

　　「你昨天得到 15 顆糖果，然後吃掉了 9 顆。今天得到的糖果比昨天少了 1 顆，但是你吃掉的糖果比昨天少了 2 顆。因為你總共少拿到 1 顆糖果，但也少吃 2 顆糖果，所以剩下多少糖果呢？答案就是比 15-9 還要大 1 的 7 了。」

藉由這些題目，孩子可以得知當減法式前面的數變大，整體的值也會隨之變大；當後面的數變大，則整體的值就會變小的道理。而且這點不應該讓孩子死背下來，他必須能夠依自己的理解，透過自己的話再解釋一遍。

認識加法與減法的關係

儘管孩子已學過加法和減法，也熟練各種數字組合與解題方法了，但在他們腦海中，「加法」與「減法」仍是各自獨立的概念。現在，我們必須幫助他們領悟到兩者之間其實是有關聯的——也就是說，他們必須瞭解加法與減法的反向運算關係。在這個階段，他們將展現出大幅的進步，以建立將來理解更複雜數學原理的基礎。

有趣的加法和減法故事

首先，請以孩子會喜歡的題材或情境，和他玩說故事遊戲。德國課本是選用孩子喜愛的農場體驗照片來介紹這部分的概念，而我則是用孩子喜歡的螞蟻窩為素材，和他一起編故事。

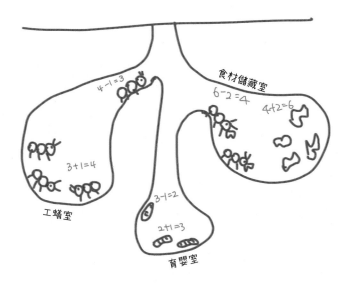

「工蟻的房間裡原本有 3 隻螞蟻，現在又來了 1 隻了。那麼現在總共有幾隻呢？（等孩子回答 4 隻後，3+1=4）沒錯，是 4 隻，可以寫成 3 加上 1 等於 4。但是本來在休息的 1 隻螞蟻，又出門工作去了！那剩下的螞蟻有幾隻呢？（等孩子回答 3 隻後，寫下 4-1=3）沒錯，變成 3 隻了，4 減掉 1 等於 3。

　　請以類似上述的方式，利用數字間的反向關係設計各種算式，和孩子一起玩遊戲吧！他會一邊創造螞蟻的育嬰室、食材儲藏室，一邊延伸故事。請幫助他在打造各種螞蟻窩空間的同時，充分瞭解加法與減法之間有何關聯，並引導他親口、親手表達出來。

有趣的加法與減法反向運算

接下來，讓我們透過解題來確認加法與減法的反向關係。請要求孩子依據一張圖片內容，試著各寫出一個加法式與減法式。每道題目中必須包含三個數字：紅色圓圈的個數、綠色圓圈的個數，以及兩者相加後的數字，然後再活用這三個數。依據加法交換法則，可以寫出兩個加法式，而減法式則變化出兩個不同減數的式子，但如此深度的思考過程就會變得太複雜了。請讓孩子各寫出一道合乎他能力的題目即可。加法式數字的順序可以隨意；至於減法式，可以將紅色圓圈個數作為減數，也可把綠色圓圈作為減數。

請自由地寫寫看吧！

寫出加法和減法算式

• 利用圓圈寫寫看加法式和減法式吧！

●●●●●|○○○○

5 + 4 = _____
9 - 5 = _____

●●●●●●●|○○○

_____ + _____ = _____
_____ - _____ = _____

|

_____ + _____ = _____
_____ - _____ = _____

|

_____ + _____ = _____
_____ - _____ = _____

最後，請務必引導孩子自主地出題和解題，如此一來才能確認他對於加、減法的反向關係瞭解了多少——有時候他們可能會寫出讓媽媽都感到驚豔的題目哦！

接著是不使用圖畫，單純以算式解決問題的階段。這時可以確認孩子對加法與減法的反向運算理解了多少，所以請務必讓他自行嘗試設計題目。

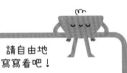
請自由地
寫寫看吧！

寫出加法和減法算式

• 活用這些數字，寫出你的題目吧！

6+2= 8	3+9 = _____	____+____ = _____	____-____ = _____
8-2= _____	____-____ = _____	13-5 = _____	____-____ = _____

5 +9 = _____	6+7 = _____	____-____ = _____	____-____ = _____
14-9 = _____	____-____ = _____	15-8 = _____	____-____ = _____

進階的加法與減法反向運算

充分練習過後，就能試試看根據圖片一次出四道題目，將加法交換律也套用在反向運算上。藉此，孩子會得知交換律可以適用於加法，但不適用於減法的道理。

請指導孩子從圖片中類推出加、減法式在所有情況下可能出現的數字，並協助他自由轉換加法與減法。如果借助圖案說明，孩子仍無法輕易理解的話，可利用實物來解釋。

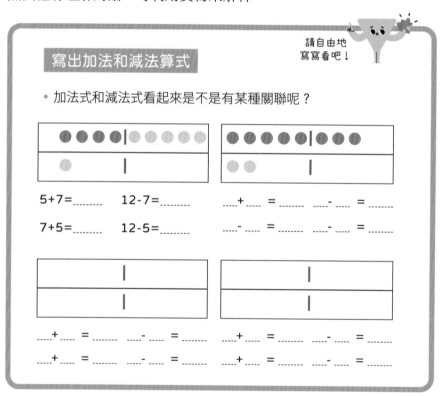

如果已透過圓圈圖畫和實物充分瞭解加法與減法的關係，就能在不借助圖畫的情況下解題，將抽象的反向運算關係置入腦海中。

我們可以藉著下列題目，確認孩子是否已徹底理解。這時若利用扮演老師的遊戲，引領他進入有趣的情境中，那麼這些重要的概念就能更快刻印在記憶裡。

請自由地
寫寫看吧！

寫出加法和減法算式

• 活用這些數字，寫出你的題目吧！

9+3 =＿＿	8+5 =＿＿	10+6 =＿＿	＿＿+＿＿=＿＿
3+9 =＿＿	＿＿+＿＿=＿＿	＿＿+＿＿=＿＿	＿＿+＿＿=＿＿
12-9 =＿＿	＿＿-＿＿=＿＿	＿＿-＿＿=＿＿	＿＿-＿＿=＿＿
12-3 =＿＿	＿＿-＿＿=＿＿	＿＿-＿＿=＿＿	＿＿-＿＿=＿＿

找出隱身數

在前述課程中，孩子已瞭解了加法與減法的反向運算關係。現在就以至今學過的加法與減法間的關係為基礎，試著解決應用題吧！這個叫做「找出隱身數」或「這是什麼數」的遊戲，將會幫助孩子建立未來學習方程式的基石。

為了不讓孩子在一開始就覺得很困難，我們先從下面這張圖開始。其實圖片中已經能看出答案了。

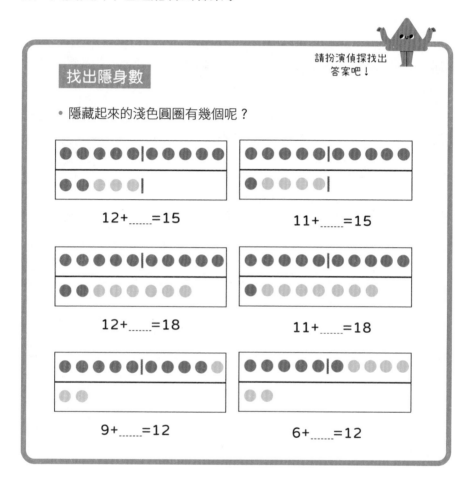

接著我們就不看圖片，而是看著算式，計算出這個隱身的數字。

答案就在
問題裡！

寫出加法和減法算式

• 找出適合的數字！

6+＿＿＿=10	9+＿＿＿=12	9+＿＿＿=14	18+＿＿＿=19
5+＿＿＿=10	8+＿＿＿=12	7+＿＿＿=14	15+＿＿＿=19
4+＿＿＿=10	7+＿＿＿=12	5+＿＿＿=14	12+＿＿＿=19

　　這個題組是由三道題目所構成。我們不需要計算所有的題目，而是先算出其中一題的答案後，再以這題為基準來推論、解決剩下的兩道題目。例如，先算出 6 加上哪個數會等於 10 後，再思考比 6 小 1 的 5 與比 6 小 2 的 4 必須加上多少才能變成 10。

　　這是為了讓孩子思考數字間關係所做的訓練。在計算加法的過程中，孩子時常會以類似「六加四等於十，五加五等於十」的方式背誦答案，但如此一來，他們會因為無法正確理解加法的概念，而越學越辛苦。請讓孩子思考這個問題：「其中一個相加的數改變了，答案卻沒變的話，那另一個相加的數怎麼變化呢？」並引導他確實領悟加法的意義。未來學習九九乘法與除法時，也會持續出現諸如此類的推論問題。在學習概念時，速度並不是太重要——切記，重要的是孩子是否能以正確的方式學習。

比較加法與減法的大小

　　現在來比較加法與減法的大小，觀察一下數的相對意義，以及當數字遇上加法或減法時會有何種特性吧！

認識「不等號」

　　在此階段，我們將會第一次學到「不等號」。既然已經知道「比～大」或「比～小」的意思，那就不難理解不等號的概念。請向孩子出示下圖，透過他已知的等號概念，告訴他不等號的意義與方向。可以運用朝著食物張開大口的動物，讓孩子愉快地學習「比～大」、「比～小」概念與不等號的符號。

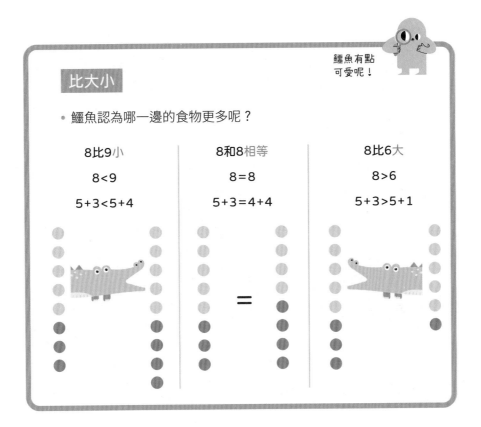

比大小

• 鱷魚認為哪一邊的食物更多呢？

8比9小	8和8相等	8比6大
8 < 9	8 = 8	8 > 6
5 + 3 < 5 + 4	5 + 3 = 4 + 4	5 + 3 > 5 + 1

鱷魚有點
可愛呢！

比較數字的大小

　　在開始比較加法與減法式的大小之前，要先從數字的大小開始比較，必須先徹底瞭解不等號該如何使用。

　　下頁是讓孩子先觀察、計算，寫下有多少圓圈，然後比較這些數字的大小，最後填上不等號的題目。

數字比大小

哪一邊的數
比較大呢？

- 請比較圓圈的個數，再填上「＜」、「＞」與「＝」中最適當的符號。

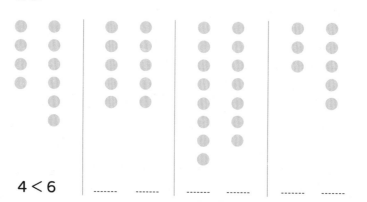

4 ＜ 6 ｜ ------- ------- ｜ ------- ------- ｜ ------- -------

　　接下來我們就不看著圓圈計算，練習看看依據算式寫出不等號，先將數的範圍限制在 20 以內。

數字比大小

哪一個數字
比較小？

- 請比較數字，再填上「＜」、「＞」與「＝」中最適當的符號。

10 8	3 5	19 10	12 13
10 12	8 5	19 15	15 15
10 10	1 5	19 19	18 17

比較算式的大小

假如已能熟練比較數字和運用不等號了，即可開始比較算式與數的大小。以下題目會讓孩子經歷「先求出左邊算式答案，再比較該答案與右邊數字」的繁複過程。請孩子先算出題組中以紅色標示的題目。沒錯，因為這題將會是用來求出其他題目解答的基準式。

來比大小！

比較左右大小

- 請看看左右的數字，再填上「＜」、「＞」與「＝」中最適當的符號。

3+5 ____ 10	9 +10 ____ 20	12 -3 ____ 10	15 - 2 ____ 15
5+5 ____ 10	10+10 ____ 20	13 -3 ____ 10	20-5 ____ 15
6+4 ____ 10	12+8 ____ 20	20-10 ____ 10	20-4 ____ 15
6+5 ____ 10	12+10 ____ 20	20-9 ____ 10	18 - 4 ____ 15

舉最左邊的題組為例。先計算紅色算式的話，就會得到 5 + 5 = 10 的答案，然後再以此為基礎，看看上方算式吧！前面的數比起 5 + 5 小了 2，所以應該會比 10 還要小，我們甚至不需要算出解答是 8，只要寫出不等號＜即可。同樣地，其餘題目也不用計算，僅須指導孩子依據基準式來類推出正確的不等號。

這部分之所以重要是有原因的。因為在加法與減法單元測驗中最常出現的題目，就是求出最大值或最小值的題型。

孩子都是怎麼計算下列題目的呢？這些都是實際在小學三年級單元測驗中出現的題目。

下列式子的答案中，數值最小的是哪一道呢？

① 809-325　　② 887-346
③ 798-202　　④ 808-113
⑤ 942-237

大部分的孩子會先算出答案後再比大小。第一題是 484，第二題是 541，第三題是 596……這計算過程該有多漫長、多辛苦呢？不過掌握了題旨的學生，會先判斷減號兩邊數字的大小，進行推估。如此一來，即可更快、更輕鬆地解決這道題目了。一個從小學開始就培養了題目識讀能力的孩子，與一個完全不去思考，被迫埋頭解題的孩子，何者較可能學好國高中的數學呢？我想答案已經很明顯了。

但也別因為簡單而輕忽這個單元，請指導孩子依照本書所介紹的方法思考和解題。若是孩子已好好地跟上了目前的進度，最後就請他練習自己寫出不等式吧！

請先準備 0 到 9 的數字卡，給孩子看下列題目，並請他作答。然後請他拿著數字卡，並將能滿足算式的所有數字卡都擺出來。接著同樣讓他先從紅色的基準式開始作答，再解決上方和下方的題目。

請找出
所有數字！

找出適當的數

• 在 0 到 9 之中，有哪些數字適合填入空格裡呢？

4+＿＿ <10	13+＿＿<20	16-＿＿<10	16-＿＿<11
4+＿＿ =10	13+＿＿=20	16-＿＿=10	16-＿＿=11
4+＿＿ >10	13+＿＿>20	16-＿＿>10	16-＿＿>11

以最左邊的題組為例，孩子必須先回想 4 得加上多少才會等於 10 ——答案是 6，現在幾乎已經背起來了吧？接下來，為了回答上方的題目，他必須想出能滿足與 4 相加後比 10 小的條件為何。而且，此條件還不只一個。不過因為孩子已知 4 +＿= 10 的答案為 6，自然也會知道滿足 4 +＿ <10 條件的答案，應該會是比 6 更小的數字吧？思考過程走到這步，代表孩子已經體會到不等號的真正意涵了！接著讓孩子放下數字卡，開始計算。也可以請他直接用手計算每個式子。輪到 4 +＿ >10 這題時，也一樣擺出數字卡讓他作答。

來試試看
二位數運算吧！

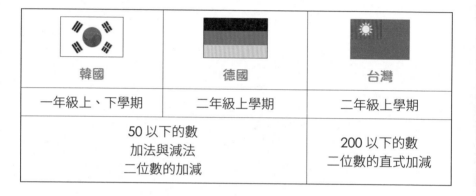

韓國	德國	台灣
一年級上、下學期	二年級上學期	二年級上學期
50 以下的數 加法與減法 二位數的加減		200 以下的數 二位數的直式加減

德國小學二年級的運算目標，是理解 100 以前的數字，將加法與減法運算的範圍擴展至 100 內的數字，以及瞭解乘法與除法的基本概念。因此，學生必須在前面的單元學到利用 10 進行加減運算的方法，並完整理解加減法的概念與特性。

隨著數字範圍變大，新的概念越來越多，孩子可能會覺得很辛苦。這時，請家長保持耐心教導他。如果孩子無法學一次就懂，這也是理所當然的；假如他認為難以理解，不妨以棋子或糖果等實物演示，或利用他喜愛的素材作畫並說明。請務必銘記，比課程內容更重要的，是孩童學習時的情緒與正確的態度！此外，若孩子無法理解所學的概念，請引導他複習相關單元的內容，而不是教完一個概念後，就頭也不回地繼續前進。

複習 20 以內的加法與減法

德國小學二年級，學生會以複習 20 以內數字的加減法展開新的學期。暑假期間痛快地玩了六週後，一年級所學課程的記憶可能已經很模糊了。正如同大人在休完長假、回歸日常時需要適應的時間，孩子們也需要為學習做一些暖身運動。因此開學一整個月都是在複習一年級所學過的內容和回顧重要的概念。不過複習不會僅止於複習，還會活用於稍微困難一點的應用題目。

首先，請孩子計算之前學過的加減法基本概念題（9 + 4 與 17 - 8 等），讓他們想起以 10 為基準計算的加法，再往下介紹應用問題。

設計出更進階的題目

此前的學習皆側重在計算既有的題目，接下來，則要反過來引導孩子進行先合成既有數字再進行分寫，然後寫成正確算式的「逆向思考」。在這過程中，孩子將不再單純地複習課程，而是進一步建立更豐富的思考系統。

首先，從簡單的題目開始，我們來寫出能滿足條件的加法式。最右側的區塊，則是讓孩子自行決定他想求出的答案。

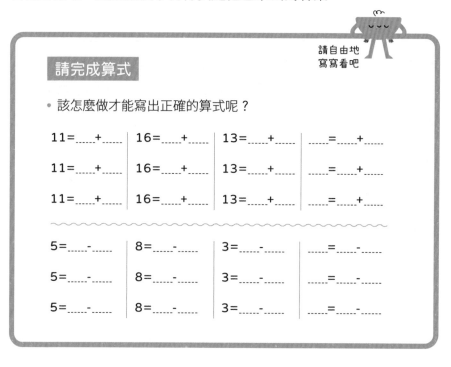

請自由地
寫寫看吧

請完成算式

• 該怎麼做才能寫出正確的算式呢？

11 = ___ + ___	16 = ___ + ___	13 = ___ + ___	___ = ___ + ___
11 = ___ + ___	16 = ___ + ___	13 = ___ + ___	___ = ___ + ___
11 = ___ + ___	16 = ___ + ___	13 = ___ + ___	___ = ___ + ___

5 = ___ - ___	8 = ___ - ___	3 = ___ - ___	___ = ___ - ___
5 = ___ - ___	8 = ___ - ___	3 = ___ - ___	___ = ___ - ___
5 = ___ - ___	8 = ___ - ___	3 = ___ - ___	___ = ___ - ___

擴展對加法與減法的認知

以下介紹，能幫助孩子擴展對加法、減法運算概念的應用問題。

首先是必須在房屋格子內填入適當數字的題目，這種房屋格子的問題先前算過很多遍，已經很熟悉了吧？請在每個方格中的算式填入適當的數字，使其等於屋頂上的數字。

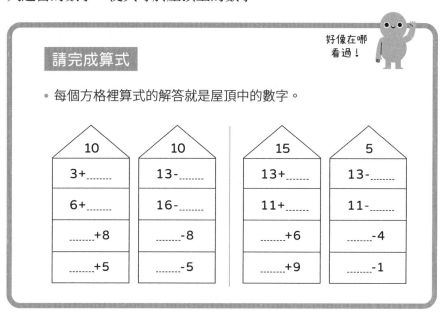

看看每道題目，會發現最下面兩格的題目「前面的數字呈現空白」，這是孩子以前從未接觸過的題型。假如他因此感到慌張，可以向他提出幾個問題，幫助他慢慢思考。例如「8 加上多少會變成 10 呢？」、「什麼數字減掉 8 會變成 10 呢？」

仔細觀察這些題目，其實與先前遇到的加法或減法沒什麼不同。

首先讓孩子都算完所有題目後，再比較看看左右房子同一層的數字，他將會發現有趣的現象。

來看看上頁屋頂的數字分別是 15 和 5 的題目吧！左邊房屋最高層要找的是「相加等於 15」的答案，而右邊房子則是「相減等於 5」的答案，對吧？13 要變成 15 的話必須加上 2，而 13 要變成 5 的話則須減掉 8。請畫好一道數線，並將前述內容全都標示在數線上。

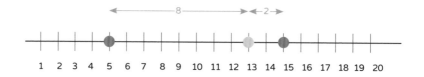

若以 13 為基準來看 5 和 15 的值，會發現兩個數與 13 分別相差 8 和 2，也就是總共相差 8。這等同於 5 和 15 之間的差可以分解為 8 格和 2 格的意思。如果換另一種方式說明的話，就是從 5 多走 8 格就會到 13，再走 2 格就到了 15，而 8 格與 2 格相加就等於 10，與 5 和 15 的差相同。

你可能會說「這不是理所當然的嗎？」但孩子們才剛思考過 15 - 5 是多少而已，他們從來不曾以 13 為基準分解過 5 和 15。孩子們會對於這樣的分水嶺感到很新奇，甚至表示「看似單純的加減法算式好像隱藏了某種祕密的感覺」。由於此概念與往後將學到的絕對值

互有關聯，因此請幫助孩子運用數線，更深入思考數字間的關係。

接下來，要介紹從不同觀點思考的加法與減法題。

深入
思考看看！

請完成算式

• 該怎麼做才能寫出正確的算式呢？

13 - 5 = _____	16 - 7 = _____	17 - 5 = _____	_____ - _____ = _____
15 - 3 = _____	17 - 6 = _____	15 - 7 = _____	_____ - _____ = _____
8 + 12 = _____	9 + 11 = _____	12 + 8 = _____	_____ - _____ = _____

從最左邊的題目來看，13 減掉 5 等於 8，是比 10 小 2 的數；而 15 減掉 3 的值為 12，是比 10 大 2 的數。若一個比 10 小 2 和一個比 10 大 2 的數相加，就變成由 2 個 10 組成的 20 了。如果看個別的算式其實並不特別，但是像這樣排列在一起看時，能夠擴展我們對加減法的觀點。

下一頁的題目，是讓學生自由思考和書寫能滿足指定條件算式的問題。

能滿足比 10 小這個條件的算式非常多吧？有 10－5、2＋6 等等。只要能滿足題目所指定的條件，無論是哪種式子都可以。

第一次接觸這類題型的孩子可能會不知所措，不過新的題型能給予我們大腦新鮮的刺激，讓數學思考能力得以發展。

請任意地
寫寫看

請想想看

- 請根據下列句子，寫出 3 個以上的算式！

比10小的答案	和10相等的答案	比10大的答案

下列是先前已經歷過的前後數字有變化的加減法運算。由於這是在進階應用問題中經常使用的概念，所以我們再次回顧。

照你的想法
寫寫看

計算加法與減法

- 當題目前面與後面的數字改變時，答案會怎麼變化呢？

13＋2＝_____	16-5＝_____	18-8＝_____	4＋3＝_____
12＋3＝_____	17-4＝_____	16-6＝_____	6＋5＝_____
11＋5＝_____	18-3＝_____	14-4＝_____	＿-＿＝_____
10＋8＝_____	19-2＝_____	＿-＿＝_____	＿-＝_____

德國國小一年級的加減法重要概念的複習，就到此告一段落了。

　　那麼，接下來開始正式進入二年級的課程吧！

以 10 爲單位，計算 100 以前的加減法！

當孩子熟悉了 20 以下數字的加減法後，現在是時候將數的範圍擴展到 100 了。

德國學校教導孩子 100 以內的數時，會先以 10 為基準擴展範圍，並且涵蓋到 100 以前的個位數。也就是說，學生會從 30、40 到 50 這樣的順序學習。

此外，在德國會先以 10 的倍數為單位學習 100 以前的數，接著讓學生以 10 的倍數為單位，練習加減法運算。這是為什麼呢？原因很簡單。因為以 10 為單位的話，數字看起來與一位數很相似，容易比較和計算。從孩子的角度來看，這種方式較容易理解。積極運用先前所學的簡單概念，是德式四則運算的特徵。

從 1 數到 100

　　孩子這時已學了 11 到 20 的數，並在過程中認知到 20 就是「2 個 10」。由這點出發，讓他們先以 10 為單位認識 100 以前的數字；為此，我們會需要幾樣道具。

　　請準備能直接觸摸的實物，先依 10 的倍數準備好各式各樣的實物後，再指導孩子將每 10 個物品分為一組。

　　將每 10 個物品分組，是讓孩子透過十進位概念認識數字的重要練習。接著，請他唸出物品的個數，並練習寫下來。

1)

2)

3)

4)

如果孩子透過觸覺充分體驗過了，接著請準備如下方畫上 100 個圓點的表（以下簡稱「百點表」）。然後讓孩子拿著筆，將每 10 個點分為一組，並數數看個數。

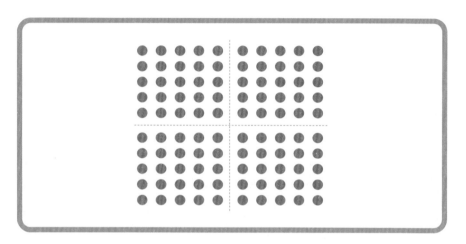

與孩子一起練習的過程中，請幫助他認知 20 是 2 個 10、30 是 3 個 10、90 是 9 個 10、100 是 10 個 10。

摸摸看道具，寫下「8 拾」吧

如果孩子已對 10 的倍數較熟悉了，接著即可教他 10 的倍數的加減法。

以下舉 60 加 20 為例，說明運用實物來計算並寫出式子的方法。

首先，以類似下圖形式，利用實物或圖畫表示 60 加 20，然後擺在孩子面前。

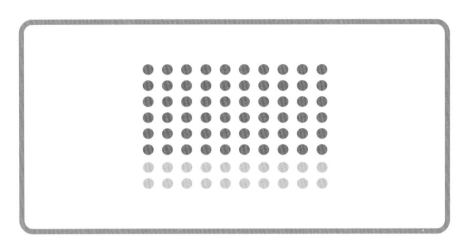

請孩子數數看紅圓圈和綠圓圈。看過題目就會知道每一列有 10 個圓圈，所以紅圓圈有 60 個，綠圓圈有 20 個。60 加 20 等於 80 對吧？也就是「6 加 2 等於 8」各增加了一位數的意思。當個位數的位值成了 10 個一數的個數時，孩子們也朝二位數加法更靠近了一步！

現在以算式來呈現吧！在德國，會使用大寫的 Z 來表示十位數，那是意指「10」的單字 Zehn 的首字母，所以 3Z 代表 30，5Z 代表 50。那麼以 10 為單位的加減法式子，可以「3Z + 5Z = 8Z」來表示。如此運用文字的話，對於建立位值觀念的基礎相當有幫助。孩子有可能不會把 30 看成是 30，而是看作 3 與 0 組成的數字，但假如請他寫成 3Z 的話，他就會牢牢記住這是 3 個 10 的概念。

在本書中，我以「拾」取代德國所使用的「Z」。或許有些家長認為不把 30 寫成「三十」而寫成「3 拾」，看起來很突兀，但請把它當作是為了讓孩子建立對「運算」和「位值概念」基礎的暫時性手段吧！

請依照前面計算的「60 加 20 等於 80」的形式寫寫看式子。

$$6 拾 + 2 拾 = 8 拾$$

（可以同時寫下六十＋二十＝八十）

若將此算式中的「拾」去掉，就變成了 6 + 2 = 8 了。去掉「拾」後再給孩子看一遍，讓他再次認知到此算式與個位數加法間的關係。請指導他運用雙眼、雙手親自觀察和書寫，並不斷重複此過程，直到徹底掌握加減法為止。

不利用實物，直接寫出加法式

已先透過實物與圖畫稍微熟悉如何寫算式後，即可練習將下列題目改寫成完整的加法式了。最後，再讓孩子嘗試自行出題。

請自由地
寫寫看吧！

寫出加法式

• 請將國字換成數字吧！

3拾＋5拾	6拾＋1拾	5拾＋4拾	＿＿＿＋＿＿＿
↓	↓	↓	↓
30＋50	＿＿＿＋＿＿＿	＿＿＿＋＿＿＿	＿＿＿＋＿＿＿

　　如果從文字到數字的轉換練習足夠了，那麼孩子這時已做好不看圖片，只憑算式計算的準備了。請指導他回答下列題目，並確實理解個位數與十位數間的關係與差異。

真是有趣的
題目！

加加看

• 這兩個加法式，是不是有關係呢？

2 ＋ 6 =＿＿	3 ＋ 7 =＿＿	5 ＋ 4 =＿＿	＿＿＋＿＿=＿＿
20＋60=＿＿	30＋70=＿＿	50＋40=＿＿	＿＿＋＿＿=＿＿

讓學習增加樂趣的應用問題

以 10 的倍數為單位的加減法，很適合寫成我們在日常生活中常碰到的金額計算題。可以直接用 10 元和 50 元硬幣，和孩子一起數數看有多少錢，或是玩買賣的遊戲。以下就來簡單介紹我和孩子們一起玩過的遊戲。

首先，請用能觸摸的實物和孩子一起玩遊戲，然後一邊增加給孩子的銅板數量，一邊問他總共有多少錢，也可以請他給一些錢。

「你有 40 塊錢，媽媽再給你 30 塊，那現在總共有多少錢呢？」

「你現在有 60 塊錢，媽媽現在沒錢，我需要 20 塊錢，如果你給了我 20 塊的話，還剩下多少錢呢？」

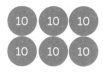

「你現在有 50 塊，但是需要 70 塊才能買糖果。那你還需要幾塊錢，才能買糖果呢？」

而另一個很好的遊戲又比起金額計算更往前邁了一步，那就是「買賣物品」。

首先，挑選幾樣物品，分別以 10 為單位寫上價目表，放在物品前面。接著也把真的銅板擺在物品前，引導孩子提出下列問題與作答。

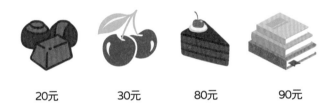

「你花了 50 塊錢買了兩本書，應該拿回多少零錢呢？」
「媽媽想買一份巧克力和一份櫻桃，需要多少錢呢？」
「你想要買一份蛋糕，但是只有 50 塊錢，那還需要多少錢呢？」
「你想買兩份巧克力，所以付了 50 塊錢，那該拿回多少零錢呢？」
「啊，媽媽想買書，但是還需要 20 塊錢。你猜猜看媽媽現在有多少錢呢？」

認識 100 以前的數字

現在，試著將範圍擴展到 100 以內數字的個位數吧！既然已瞭解了 3 個 10 等於 30，那應該也能理解 3 個 10 與 5 個 1 構成的數了吧？

數數字遊戲

與先前將 10 到 100 的數分為每 10 個一組的作法相同，在此階段裡，孩子也要先將數字化為每 10 個一組的型態，再計算剩餘的數。由於先前我們已學過 16 是 1 個 10 與 6 個 1，而有 3 個 10 的話，可以 30 來表示，因此這部分不會太難理解。

當數值變大時，孩子們其實很難立即對該數字產生具體的印象。就舉 43 這數字為例，他們很難想像這究竟是多大的值。因此，請先讓孩子利用實物和圖畫來認識數字。如此一來，才能多少實際感受數字的大小。

在德國小學會玩一個遊戲，規則是學童可拿取任意數量的紅色鈕扣狀教具，然後擺在書桌上，一邊計算，一邊將每 10 個分為一堆，並寫下個數，再與同學互相比較誰拿的數量較多。家長也可以在家和孩子利用棋子或積木，玩玩看這個遊戲。

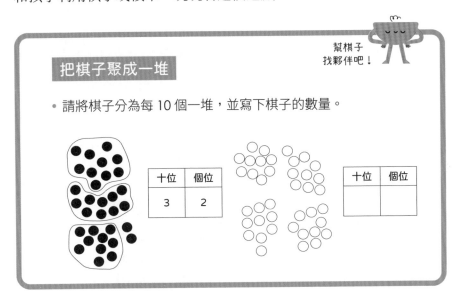

「（把棋子擺在桌上）哇！有好多棋子哦。我們來數數看有幾個。不是只要數幾個就好，還要把每 10 個分成一堆哦！（將每 10 個分組後）每10個一堆總共有 1、2、3 堆，剩下的個位數棋子有 1、2、3、4、5，總共 5 個，所以全部是 35 個！這次你想要拿多少顆棋子呢？」

孩子將棋子分成每 10 個一堆並算好數量後，請他寫下十位數與個位數分別是多少。

　　練習過計算教具的數量並寫成數字後，請指導孩子這次反過來先看十位數與個位數的數字，然後再畫出圓圈或拿取符合該數量的物品。

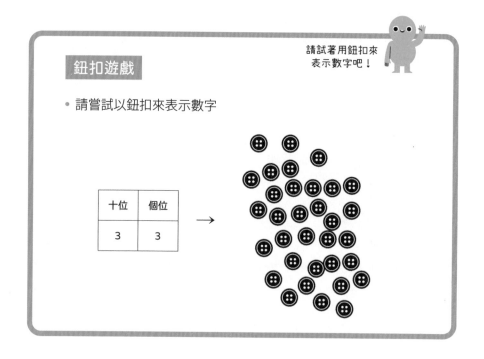

正式開始認識數字

　　德國課本除了會使用十進位，也會以下列四種方法表示。

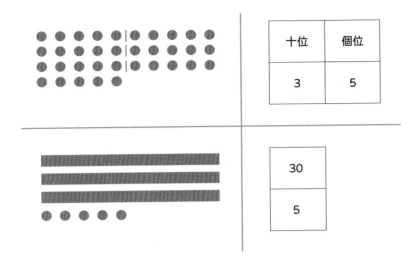

十位	個位
3	5

30
5

　首先，是將先前用來表示 10 的 10 個圓圈簡化，以一道水平的長條替代。以不同的形式來表現十位數與個位數，能讓我們的大腦認知到兩者是「不同的」。意即，我們會將 35 分別認知為 3 個 10 與 5 個 1，與原本的 3 與 5 是完全不同的數字。如此一來就不會將 35 和 53 或 3 + 5 混淆了。在孩子確實地掌握好 100 以前的數字之前，請指導他自己畫出表示十位數的長條與表示個位數的圓圈。

　孩子一開始一定不太習慣使用長條圖，因此請先讓他練習將熟悉的圓圈轉換成長條圖。下一道題目，則是要讓孩子看著百點表，練習以長條圖和數字正確地作答。將未遮蔽的紅點個數分為每 10 個一組後，再以長條和圓圈的方式表示，並寫出其十位數與個位數。

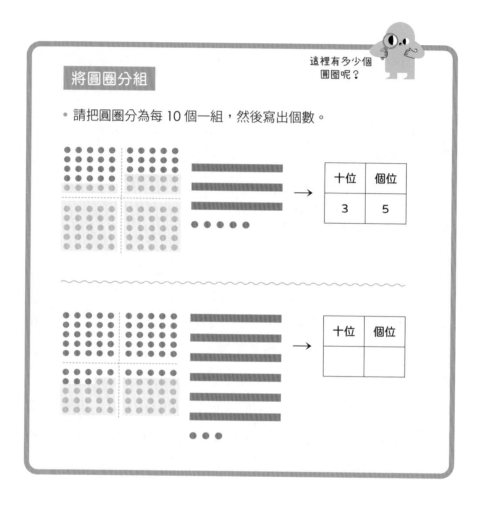

充分練習過這部分後，請孩子不再看著百點表，練習以長條圖和圓圈表達正確的數字。這時請幫助他在沒有百點表的輔助下，僅以長條圖和圓圈作答。

這裡有幾道長條圖呢？

將圖案寫成數字

- 請試著將長條圖和圓圈以數字表達！

十位	個位
3	5

十位	個位

　　下一頁的題目，是要孩子反過來先看數字，再畫出長條和圓圈的問題。像這樣的反向運算，對養成孩子的數感有很大的助益！這時，請同時列出十位數與個位數位值互為相反的一組二位數數字。正確地分別畫出這組數字後，孩子將會在說明兩個數字差異的過程中，明確瞭解到「即使是由一樣數字構成，只要數字的位置改變了，數值大小也會隨之改變」的事實。

圈圈代表
個位數哦！

以圖畫表達數字

• 請嘗試以長條圖和圓圈表達數字！

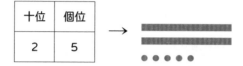

十位	個位
2	5

→

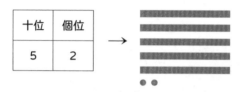

十位	個位
5	2

→

　　假如孩子能回答下列以二位數與一位數相加的二位數計算題，就代表他已經完全理解二位數了。這時，也需要練習將二位數和一位數的位置調換後再相加，例如 14 等於 10 + 4，也可以等於 4 + 10。

請精確地
分解數字！

分解數字

• 請以二位數加一位數的加法式來表示這個數字！

14=10+____	26=20+____	47=40+____	____=____+____
14= 4+____	26= 6+____	47= 7+____	____=____+____

接著，請務必讓孩子練習自行出題和解題。

最後，我們來加強特別容易混淆的部分。孩子在此階段容易混淆 35 和 53 這種位值顛倒的數字，因為他們尚未徹底理解位值的概念，所以必須藉由下列算式學習如何辨別和練習多寫幾次。完成以下練習題後，他們將能更確實掌握位值的概念！

照你的想法
寫寫看！

分解數字

• 請以二位數加一位數的加法式來表示這些數字！

| 35 53 55 57 75 | 17 71 37 73 33 |

35=30+5

53=50+3

......=......+......

......=......+......

......=......+......

......=......+......

......=......+......

......=......+......

......=......+......

......=......+......

相加等於 100

從「相加等於 5」、「相加等於 10」到「相加等於 20」，「相加等於幾」是能有效幫助孩子掌握合成與分解概念的工具。在學習 100 以下的二位數加減法以前，如果先熟悉「相加等於 100」的組合，將能建立以 10 為基準進行運算的基礎。我們首先從簡單的「相加等於 100」開始練習，再以先前學過的內容為基礎，慢慢擴展「相加等於 100」的範圍。

個位數為 0 的「相加等於 100」

請讓孩子先從「個位數為 0」或以 5 為單位的「相加等於 100」開始練習。由於需要思考的部分較少，學習起來會更順利，而且孩子對此也稍微有經驗了。

下方百點表的一部分是被遮住的，請讓孩子計算未遮掩部分的個數，思考看看該數字要加上多少才能成為 100，然後寫下算式；也可以讓他想想看該如何運算個位數為 5 的數。

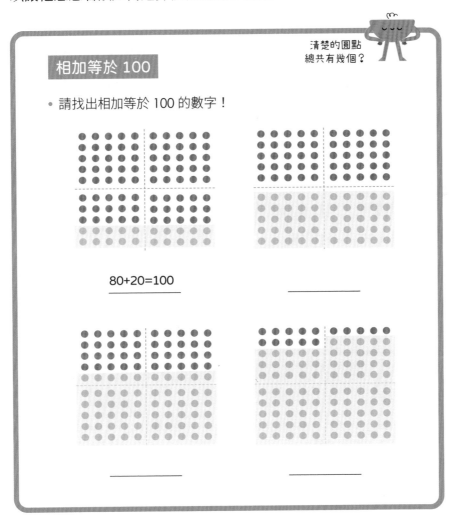

清楚的圓點
總共有幾個？

相加等於 100

• 請找出相加等於 100 的數字！

80+20=100

以推估的方式作答「相加等於 100」

　　如果孩子已習慣圓圈素材的題目，就可再擴大計算範圍。也就是說，我們可活用剛才學過的簡單版「相加等於 100」，或回顧更早之前學過的「相加等於 20」和「100 以前的數」，在這裡會派上用場的正是基準式。

　　接下來，請指導孩子先從紅色的題目開始作答，再參考這題回答其餘的題目。紅色題目就是一種基準式，若以它為基準進行其他算式的加法或減法，即可輕鬆地求出答案。如此一來，孩子的腦中會有什麼想法呢？因為連看似複雜的題目也能輕鬆作答，所以他們會覺得：「原來就算數字變大，我也算得出來啊！」

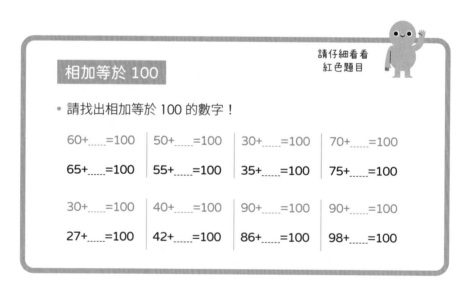

請仔細看看
紅色題目

相加等於 100

• 請找出相加等於 100 的數字！

60+＿＿=100	50+＿＿=100	30+＿＿=100	70+＿＿=100
65+＿＿=100	55+＿＿=100	35+＿＿=100	75+＿＿=100
30+＿＿=100	40+＿＿=100	90+＿＿=100	90+＿＿=100
27+＿＿=100	42+＿＿=100	86+＿＿=100	98+＿＿=100

左頁是由每組兩題構成，總共有八道題的題組。上方的題組與先前練習過的題目相同，所以孩子應該能熟練地作答。然而，下方的題組並非以 5 為單位改變，而是有更多元的變化。不過沒關係，請幫助孩子慢慢思考答案會如何隨著算式的前後數字變化而改變。

請比較下列題組與先前學過的「相加等於 20」，回答「相加等於 50」和「相加等於 100」的題目。

相加等於 20、相加等於 50、相加等於 100

仔細看看
紅色題目

• 請找出相加等於 20、相加等於 50 與相加等於 100 的數！

16+____=20	14+____=20	15+____=20	19+____=20
16+____=50	14+____=50	15+____=50	19+____=50
16+____=100	14+____=100	15+____=100	19+____=100

下頁的題目則是以中間的算式為基準，比較與上下算式的差。

要算出 36 加上多少才會等於 100，對於孩子而言可能是非常困難的問題，但若能先瞭解了 40 要變成 100，還須加上 60 的話，下一步將變得相當容易。因為 36 比 40 小 4，所以他能推導出空格內數字須增加 4 的結論。也就是說，如果想答對這道題，就必須先認真算過上個單元的題組。

請仔細看看
紅色題目

相加等於 100

• 請找出相加等於 100 的數字！

36+＿＿=100	67+＿＿=100	12+＿＿=100	＿＿+＿＿=100
40+＿＿=100	60+＿＿=100	20+＿＿=100	＿＿+＿＿=100
44+＿＿=100	53+＿＿=100	28+＿＿=100	＿＿+＿＿=100

　　再次強調，孩子必須完全明白「算式中前後數字的變化對答案有何影響」。做好此階段練習的孩子，不僅會把這種推導看作單純的計算，還會認為這是一種很輕鬆有趣的任務。最後，為了幫助孩子內化這種推導能力，請一如往常地指導他自行出題；只需要給他一點提示，他就能輕鬆地完成練習。

跳躍計數

　　先前在學習 20 以前的數字時，我們曾玩過跳躍計數的遊戲，現在請先以 10、5、2、4、3 的間隔，和孩子一起以跳躍計數的方式從 0 數到 50。而且不僅要練習跳躍計數，也請和他一起確認若這些數同時在一條數線上跳躍，它們將會在哪裡交會呢？此階段就彷彿一段橋樑，將先前所學的加法與未來將學到的乘法互相銜接起來。

　　請準備一大張紙，由媽媽把 1 到 100 的數直接畫在一條數線上。然後將數線依照下列樣式畫出一個圓圈來表示 1，並在每 10 個單位標上數字和一道區隔線。

都準備好了，就來試試跳躍計數吧！

跳躍計數，比較看看

首先，請練習 10 和 5 的跳躍計數。雖然跳躍計數本身也很重要，不過確認 10 和 5 的跳躍計數會在跳到哪個數時相遇，以及認知到「跳一次 10 和跳兩次 5 相等」的事實，也非常重要。接著，請練習 2 和 4 的跳躍計數。比較看看這兩者，就會發現跳兩次 2 和跳一次 4 是相同的吧？最後，請練習 3 和 6 的跳躍計數，並與孩子一起確認這兩種跳躍計數會在哪個數相遇。

跳躍計數的著色遊戲

儘管跳躍計數通常是利用數線進行的，不過數字板也是相當適合的工具。請嘗試以 10、5、2、4、3、6 的順序跳躍計數，並分別以不同的顏色標在數字上。然後和孩子討論看看，哪些顏色在哪個數字相遇了。

若顏色混在一起，那就更有趣了。比如說，在比較 10 和 5 的跳躍計數時，10 就以紅色蠟筆，而 5 則以藍色蠟筆著色。如此一來，10 和 5 的公倍數，不就是紅色與藍色交疊的紫色了嗎？

1	2	3	4	5	6	7	8	9	10
11	12	13	14	15	16	17	18	19	20
21	22	23	24	25	26	27	28	29	30
31	32	33	34	35	36	37	38	39	40
41	42	43	44	45	46	47	48	49	50
51	52	53	54	55	56	57	58	59	60
61	62	63	64	65	66	67	68	69	70
71	72	73	74	75	76	77	78	79	80
81	82	83	84	85	86	87	88	89	90
91	92	93	94	95	96	97	98	99	100

藉由這種遊戲，除了能讓孩子認識不同顏色交會的各個倍數，也能自然預習到高年級時會學到的公倍數定義。

100 以前二位數字的加法

終於來到學習 100 以前二位數加法的階段了！

進位的概念對孩子而言極為陌生。當他們第一次碰到必須進位的二位數運算時，內心是非常驚慌失措的——會有這種感受十分正常。他們腦中會充斥著「這到底該怎麼算？這是什麼？」的想法，彷彿是非主修數學的人看到下列算式時的感受。

$$\min \ \| \ X \ \| \ 1 \ \text{s.t.} \ \| \ 6*X\text{-}Y \ \| \ 2 \leq \varepsilon$$

我先生在研究所主修數學，他說這是他最喜歡的算式，還說要讓我看看。看著邊笑邊給我看算式的丈夫，我忽然能理解我要求孩子解題、硬塞題目給他們時，他們眼中所透露的困惑。於是我告訴自己絕不能忘記這種感受——即使在大人眼中看來很簡單，但對於第一次碰到的孩子來說，卻是十足的難關。請抱持著「世上沒有任何事是理所當然」的心態，和孩子一起學習運算吧！

在德國，學生會以四種方式學習二位數的加法。第一，是以圓圈和長條圖做練習；第二，是練習相同數位之數字間的加法；第三，是運用數線；第四，是利用 10（＝ 10 和 with10）。雖然在後面章節中會說明這點，不過可先瞭解第一與第三種方法，分別是為了學習第二與第四種方法前所需要的視覺化階段。因此，剛開始學習進位概念時，請告訴孩子須依照第一到第四的順序進行練習，而且在實際演練題目或計算考題時，讓他們選擇第二或第四個方法來進行計算。

現在就來仔細看看吧！

利用圓圈和長條圖計算加法

第一，是畫出圓圈與長條圖，自行創造出加法情境的方式。只要看到長條圖和圓圈，自然就能區分出十位數與個位數，再進行加法運算。請讓孩子練習先數 10 個圓圈，再將其替換成一道長條圖，體驗該如何計算「進位」。

請指導孩子親自畫圖並練習演算。這個視覺化流程，是為了讓他更容易理解第二種「將相同數位之數字相加」的計算方法。

請引導孩子先把十位數與十位數相加，接著把個位數與個位數相加，再進行包含十位數與個位數的加法。而且請先從個位數為 0 與

個位數非 0 的加法開始，例如 10 + 24、60 + 18 等算式。

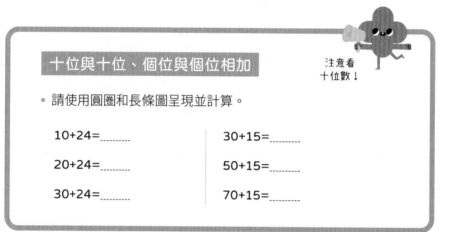

在孩子計算題組的過程中，請他以圖畫來呈現算式。下一頁的圖畫，是在計算左邊題組時，以圖示意的範例。請引導他以這種方式解題。

孩子畫著畫著，其實就能直觀地理解為何要將十位數與十位數相加的原因了。因為一看就明白，長條與圓圈彼此是不能相加的。孩子們有時會誤將 23 + 54 以 2 + 5 和 3 + 4 的方式計算，因此為了讓他們能正確認知十位數的概念，於是先排除了個位數相加的情境。

$$--- + \underset{\cdots}{\overline{\overline{\;\;\;}}} = \underset{\cdots}{\overline{\overline{\;\;\;}}} = 34$$

$$\overline{\overline{\;\;\;}} + \underset{\cdots}{\overline{\overline{\;\;\;}}} = \underset{\cdots}{\overline{\overline{\;\;\;}}} = 44$$

$$\overline{\overline{\overline{\;\;\;}}} + \overline{\overline{\;\;\;}} = \underset{\cdots}{\overline{\overline{\overline{\;\;\;}}}} = 54$$

接著，要來學習二位數與一位數相加的方法。透過此方式，孩子能直覺地理解個位數必須與個位數相加的原因。請引導孩子畫出圓圈與長條後，回答下列題目。

十位數
會改變嗎？

二位數加一位數

• 請使用圓圈與長條圖呈現並計算。

25+4=＿＿＿	12+5=＿＿＿	36+3=＿＿＿	34+6=＿＿＿
25+5=＿＿＿	22+5=＿＿＿	36+4=＿＿＿	44+7=＿＿＿
25+6=＿＿＿	32+5=＿＿＿	36+5=＿＿＿	54+8=＿＿＿

這些題組的目的，是為了讓孩子理解，為何一旦個位數位值變得比 10 大，則十位數位值就增加 1 的原因。

從大人的角度來看，這部分是理所當然的，然而對第一次面臨無法

憑推估、推論方式求解，而必須運用進位來計算的孩子而言，這是相當困難的概念。因此，練習先畫圖、再解題，是十分重要的歷程。

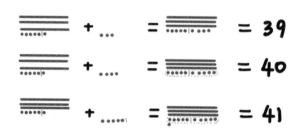

這是計算上頁左起第三個題組的範例。只要滿 10 個圓圈，就畫成一道長條，如此將「累積到 10 個的個位數」轉換成「長條狀」的經驗至關重要。當然，看了題組後，親眼觀察算式的數值如何隨著十位數或個位數的變化而改變，也非常重要。

若孩子都理解以上內容了，最後請他練習二位數與二位數的加法。先從沒有進位的題目開始，然後以需要進位的題目結束。

假如我們從一開始就先以算式解題，孩子將會因為十位數與個位數的加法同時發生，而感覺十分困難。但若是先利用圓圈和長條圖解題，就容易許多了。

可能要
進位哦！

簡單的二位數與二位數相加

- 請試試二位數的加法吧！

23+16=＿＿	21+25=＿＿	42+27=＿＿	34+16=＿＿
33+16=＿＿	21+35=＿＿	32+28=＿＿	44+27=＿＿
43+16=＿＿	21+45=＿＿	22+29=＿＿	54+38=＿＿

＝69

＝60

＝51

將同數位的數值相加

　　現在起，請不要使用長條和圓圈，練習僅以算式求出解答。

　　可以利用下頁的三列表格進行運算。最上面一格，寫上十位數相加的式子，中間則寫上個位數相加的式子，最後將這兩格中求出的答案相加，即可得出最終解答。

$$17+28= \ ?$$

10+20=**30**
7+8=**15**
30+15=**45**

　　這與第一個方法（圓圈和長條圖）的差異只在於少了圖畫，但原理是相同的。因為孩子已藉著圓圈與長條圖完整理解了原理，所以即使不再另外說明，他也能輕鬆地算出來。學習第一個方法時，雖然是將過程詳盡地分解後再教學，不過在此單元中，只要從不用進位的加法，引導到須進位的加法即可。這時，與其讓孩子死背，不如指導他寫出計算過程以求出解答。唯有他手眼並用，親自計算過一遍，這些原理才能烙印在大腦中。

很簡單吧？

二位數加二位數

• 這不用進位！

35+44=79	27+12=＿＿	56+33=＿＿	30+11=＿＿
30+40=70			
5+4=9			
70+9 =79			

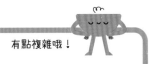

有點複雜哦！

二位數加二位數

- 這需要進位！

25+47=72	38+15=_____	64+38=_____	53+29=_____
20+40=60			
5+7=12			
60+12=72			

如果利用這種題目表格解題的話，即使沒有實物或圖畫的輔助，也能理解為何當個位數的和大於 10 時，十位數就必須加 1 的原因了。

運用數線

第三種方法是利用數線，這其實是以視覺、圖像化的方式，去理解利用 10 計算加法的第四種方法的過程。方法有兩種，我們就舉 17 + 28 這道算式為例吧！

第一個方法是「= 10」。這是為了將相加的數字其一變成最接近 10 的倍數，而將另一個數分解的方法。為了把 17 變成 20，我們先將 28 分解為 3 和 25，再把 3 和 17 相加成為 20，然後加上剩下的 25。若以算式表示，就是 17 + 28 = 17 + 3 + 25 = 20 + 25 = 45。

雖然看起來有些複雜，但如果從數線上看這些數字的話，就很容易理解了。這道算式可以標示如下。

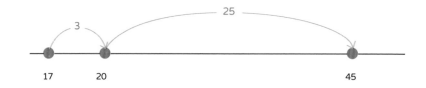

第二種方法是「with 10」。這是把相加的數字其一先變成最接近10 的倍數後，將兩數相加，最後再將剛才為了湊成 10 的倍數而加上的數減掉的方法。意即把 17 + 28 中的 28 先變成 30，然後將 17 加上30 後，再把多餘的 2 減掉，等於是將 10 的倍數作為基準來計算。以算式來表現的話，即是 17 + 28 = 17 + 30 − 2 = 47 − 2 = 45。

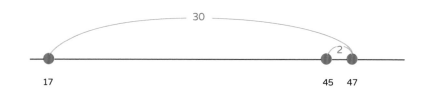

這兩個方法是否都有些眼熟呢？其實這是先前學過的方法，只是數的範圍擴展罷了。

透過此方法練習不用進位的加法是沒有意義的，請讓孩子練習須進位的加法吧！

請準備一道長長的數線作為比較基準的工具，即使未標上所有數字也沒關係。請引導孩子分別使用「= 10」和「with 10」兩種解法計算同一道題目，並自行解釋看看。

方法隨你選！

二位數加二位數

• 請試著利用數線吧！

54+27=＿＿	27+49=＿＿	32+29=＿＿	18+52=＿＿
48+34=＿＿	36+39=＿＿	39+32=＿＿	19+61=＿＿

以 10 為基準計算

第四個方法，就是在沒有數線的輔助下，利用「= 10」和「with 10」解題。在德國，學習二位數加法時運用 10 來計算，被認為是最重要的方法。

請在下方表格的中間，寫下將其中一個相加的數變成 10 的算式；下一格則請寫上為了求出真正的解答，將上一格式子中「多加或少減的值」調整回來的計算過程。

家長除了讓孩子加強練習須進位的二位數加法以外，也請指導他先想想兩個方法中哪種更有效率後，再開始計算，並詢問他選擇該方法的理由。

方法隨你選！

二位數加二位數

- 請算算看須進位的加法！

37+19=_____	29+54=_____	48+15=_____	66+28=_____
23+37=_____	39+33=_____	57+28=_____	46+49=_____

舉最左邊的題目為例，37 和 19 相加時，我們可以將 19 變成 20 後，再與 37 相加而得到 57，然後減掉 1 而求出最終解答（with 10）。另一個方法，則是先將 19 分解成 3 和 16，再把 3 和 37 相加得到 40，最後加上 16 求出答案（＝10）。請詢問孩子認為哪種方法更好，還有其理由為何。他也許會認為 37 是較大的數，所以先把它變成 40 以降低複雜度較好，也有可能判斷 19 比起 37 更接近 10 的倍數，所以將 19 變成 20 會更好。請和孩子自由地討論看看。

熟悉這種計算方式，以後將可應用在所有位數的算式上；雖然數字變大，原理卻是完全相同的。因此，請讓孩子練習到非常熟練為止。只要反覆練習，總有一天他會熟練到幾乎能心算出答案的程度。

100 以前二位數字的減法

　　學完了二位數加法後，接著來學習二位數的減法吧！學習二位數減法的過程，與之前學過的二位數加法是相同的。

　　第一個方法是利用圓圈與長條圖練習減法；第二是將相同數位的值相減；第三是運用數線計算；第四是以 10 為基準計算（＝ 10 與 with 10）。與學習加法相同，第一個方法與第三個方法，分別是學習第二與第四種方法前所需的視覺化階段。因此，剛開始學習減法概念時，請讓孩子依序從第一個方法練習到第四個方法，而在計算練習題或考題時，則請他選擇第二或第四個較容易算出答案的方法計算。

利用圓圈與長條圖計算減法

這與學加法時一樣，是利用實物創造減法情境的方法。孩子知道了一道長條等於 10 個圓圈的準則後，請讓他在進行個位數字相減時，練習把長條圖轉換成 10 個圓圈，親手體驗何謂「借位」。請讓孩子選一支喜歡的色鉛筆，畫出長條圖和圓圈。不過在計算須借位的減法以前，還要經歷幾個階段。

首先，請從個位數非 0 與個位數為 0 的減法開始練習。

個位數是
固定的！

十位與十位、個位與個位相減

• 請使用圓圈和長條圖。

33-20=_____   45-30=_____

43-20=_____   46-30=_____

53-20=_____   47-30=_____

從這段過程中，孩子將能夠直覺地理解為何十位數要與十位數相減的原因。

接下來要學的是二位數減一位數的方法，請待孩子熟練了不須借位的減法後，再讓他計算須借位的題目。

二位數減一位數

• 請使用圓圈與長條圖呈現與計算。

14-2=_____	18-5=_____	26-6=_____	57-7=_____
34-2=_____	48-5=_____	26-7=_____	67-8=_____
54-2=_____	78-5=_____	26-8=_____	77-9=_____

十位數會
改變嗎？

在將一道長條圖替換成 10 個圓圈的過程中，孩子將能瞭解「借位」實際上是如何進行的。

$$26 - 6 = \overline{} = 20$$

$$26 - 7 = \overline{} = 19$$

$$26 - 8 = \overline{} = 18$$

事實上，從他們的角度來看，借位是非常困難的概念，所以比起徹底理解概念，死背計算方法的情況反而更常見。因此，為了讓孩子確實掌握借位概念，請指導他自己畫出題目，並自行求出解答。

接著，終於要進入須借位的「二位數－二位數」練習了。孩子肯定會在這階段感到混淆且困難。下方是從不須借位的題目進入須借位的題目，請給他足夠的時間做練習。

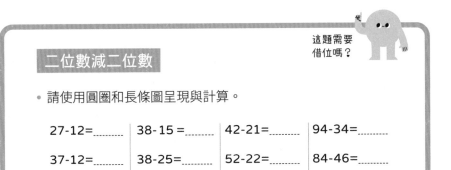

二位數減二位數

• 請使用圓圈和長條圖呈現與計算。

27-12=_____	38-15 =_____	42-21=_____	94-34=_____
37-12=_____	38-25=_____	52-22=_____	84-46=_____
47-12=_____	38-35=_____	62-23=_____	74-68=_____

這題需要借位嗎？

只要親手畫出題目，孩子就能在接下來的課程中，理解在數字前加上減號的概念了。因此，請耐心地引導他練習。

相同數位的數值相減

現在，請孩子別使用長條圖和圓圈，練習單純以算式解題。

下方的三列表格中，最上面要填入十位數減十位數的算式，中間則寫上個位數減個位數的算式。

最後將兩者相加，得到最終的答案。這時，我們會應用到借位的概念，在此舉 42－13 為例。

$$42-13=\ ?$$

40-10=**30**	
2-3=**-1**	
30-1=**29**	

在上個單元中曾提到在數字前加上減號，－1 在這裡不是理解為「負數」的概念，而是較小的值減去較大值時，用來表示不足的數字。這部分先前已藉由圖畫經歷過了。老實說在大人眼中，多少會擔心孩子能否理解此概念，但他們比預期的更快明白這點。而且現在先學起來的話，往後遇到負數，也就更容易理解了吧？

我們首先從不須借位的題目開始。請帶著孩子練習，將每一題的過程寫出來。

很簡單吧？

二位數減二位數

• 不用借位哦！

47-24=23	56-33=_____	63-11=_____	49-27=_____
40-20=20			
7-4=3			
20+3=23			

若相同數位的數相減已充分練習過了，接下來就開始學習須借位的計算方法。

有點複雜哦！

二位數減二位數

• 這需要借位！

32-13=19	44-26=＿＿＿	65-37=＿＿＿	76-48=＿＿＿
30-10=20			
2-3=-1			
20-1=19			

當然，無論孩子是否直覺地理解了負數的概念，光憑口頭上解釋，就要他們立即消化減法課程，是有些難度的。這情況下，我們該如何向孩子說明才好呢？以下舉第一道題目「32－13」為例。

「30 減 10 等於 20，對嗎？但是個位數 2 要減掉 3，還少了 1，這時候為了表示還不足 1 的意思，只要在 1 的前面加上減號就可以了。因為十位數和十位數計算的結果是 20，個位數和個位數計算的結果是減號 1，那把兩個數字相加，答案就是 19 了。照這個方法，算算看剩下的題目吧！」

運用數線計算

　　與先前加法一樣,這是將「以 10 為基準」的減法計算視覺化的過程,而方法也同樣有兩種。以下舉 42－19 為例,說明該如何以數線計算。

　　第一個方法是「＝10」,這是把數字一次性變成 10 的倍數的方法。我們已經學過把數字變成 10 再相減的方式了,對吧?現在只是位數增加了而已。為了把 42 變成 10 的倍數,我們先將 19 分解為 12 和 7,然後再依序減去。以算式來表現的話就是 42－12－7＝30－7＝23,而以數線來表示的話,就如下圖所示。

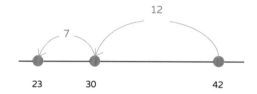

　　第二種方法是「with 10」。當減數的個位數為 9 或 8 時,先將此數變成更大的 10 的倍數後再計算,最後再將當初為了變成 10 的倍數所加的數調整回來。以算式表現的話就是 42－19＝42－20＋1＝22＋1＝23,而以數線來表示的話就如右頁上方所示。

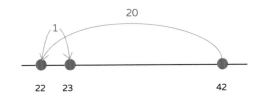

請讓孩子加強練習需要借位的減法，並一起在數線上畫出下方的練習題，然後計算看看。最後，請他分別用這兩種方式計算同一道題目，並自己解釋看看。

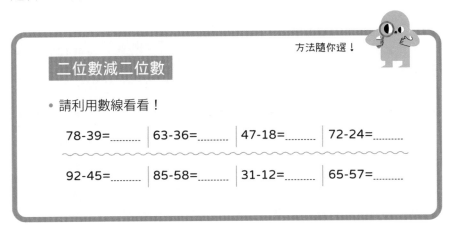

方法隨你選！

二位數減二位數

- 請利用數線看看！

  78-39=_____ | 63-36=_____ | 47-18=_____ | 72-24=_____

  92-45=_____ | 85-58=_____ | 31-12=_____ | 65-57=_____

以 10 為基準計算

最後，終於來到不使用數線，僅以算式來算出答案的階段了。

下列表格中間，請寫上把相加的數其一變成 10 的倍數的算式，下

一格則請寫上為了求出真正的解答，將上一格式子中少減或多加的值調整回來的計算過程。

=10	with 10
42-19=23	42-19=23
42-12=30	42-20=22
30-7=23	22+1=23

　　剛開始計算時，雖然需要花很多時間才能算出答案，但只要稍微習慣了，計算速度就會變快，甚至也可能心算出來。請依據題目想想先前學過的方法，以何者解題更有效率，然後擇一進行計算。尤其當減數是 9 或 8 時，利用 10 為基準計算的方法，會是未來將學到的減法計算之基礎，因此必須充分地練習。假如孩子覺得很困難，就必須回頭採用以數線計算的方式進行。

方法隨你選！

二位數減二位數

• 請算算看須借位的減法！

33-19=14 | 94-37=＿＿＿ | 25-19=＿＿＿ | 66-28=＿＿＿

51-13=＿＿＿ | 48-29=＿＿＿ | 74-37=＿＿＿ | 82-66=＿＿＿

請觀察孩子的計算過程，詢問他選擇該方式的原因，並引導他回答。這是幫助他從更深、更廣的角度思考數字的關鍵方法。

　　舉例來說，用哪種方法計算 33－19 會是最有效率的呢？我們可以19 為基準，先減去 20，最後再加回 1；也可以 33 為基準，將 19 分解成 13 與 6，再計算 33－13，最後再減 6 以求出答案。然而因為 19 和 20 的差距只有 1，當加減的數越小，計算起來就越方便，所以這時把 19 變成 20 的方法更為快速。請和孩子多多討論，一起在趣味中解題吧！

CHAPTER

5

來學學
九九乘法吧！

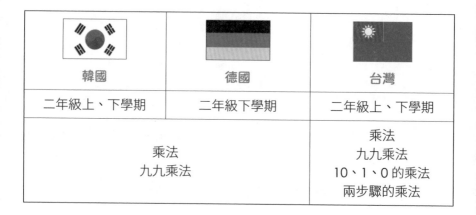

韓國	德國	台灣
二年級上、下學期	二年級下學期	二年級上、下學期
乘法 九九乘法		乘法 九九乘法 10、1、0 的乘法 兩步驟的乘法

指導孩子數學時，許多家長遇到的第一個難關就是九九乘法。乘法概念不只和加法有關，也與未來將學到的除法相關，所以必須在學習之初便打好基礎，但很多學生都為此苦惱不已。

讓人意外的是，對德國的孩童而言，九九乘法竟是四則運算中最簡單，學起來也最有趣的部分！若依照德式學習法學習九九乘法，即使是大部分學生感到困難的二位數與二位數間的乘法，也能輕鬆上手。敢這麼肯定，是因為除了我的孩子以外，還有接受我輔導的孩子們，都因此輕鬆學會了九九乘法的關係。

過去遇到類似 17×29 的題目時，將橫式換成直式辛苦地計算，最後還是失誤的孩子們，在接受了我的輔導，依照德式學習法學習乘法後，已能夠從容地心算出答案了，見證了這段過程的家長都感動不已。假如你希望孩子也能如此學習乘法，就請仔細閱讀，真正簡單易學的乘法就在這裡！

一起來理解乘法的 基本概念

　　在正式開始學習乘法以前，希望家長也能像先前教導加減法時，經常和孩子討論日常生活中會接觸到的相關話題。當發現物品以每幾個一數的方式計算時，即可自然而然地向孩子說明。比如說，看見三葉草時，可告訴孩子一根草有 3 片葉子，當有 3 根草時，總共就有 9 片葉子；或是以一隻手有 5 根手指頭，那 2 隻手就有 10 根手指頭為例；也可以在享用披薩時，對孩子說一盒裡頭有 8 片披薩，點了 3 盒披薩的話，總共就有 24 片。如果在日常中能以這種方式和孩子充分討論乘法的話，當他們接觸到乘法算式與符號時，將更容易吸收。

分組計數遊戲

　　為了讓第一次接觸乘法的孩子更容易吸收，可以將日常中有關的情境藉著遊戲的方式畫出來。此時的關鍵是先寫出加法式，再與乘法概念相連結——也就是建立分組計數的概念。

　　我選擇和孩子一起討論、畫出準備生日派對的場景。由於孩子的生日快到了，因此我們玩得更投入。他計畫邀請五位朋友參加，我們一邊討論應該如何規劃，才能讓與會的六個人都能盡興，一邊畫出派對所需的物品與各式各樣的點心。

「我們會需要幾個杯子蛋糕呢？（如果孩子說要給每個人 2 個蛋糕的話）好，如果 6 個人各需要 2 個，總共需要幾個杯子蛋糕呢？（和孩子一起在人的前方畫出杯子蛋糕後）可以寫寫看這道算式嗎？（寫下 2+2+2+2+2+2=12 後）哇，這算式也太長了吧？寫 2 加 2 加 2 加 2 加 2 加 2 等於 12 的話，實在太不方便了。這時候可以用乘法，讓計算變得更簡單哦！（寫下 2×6=12）就像這樣，唸成『2 乘以 6 等於 12』，這和把 2 加六遍是一樣的意思；換句話說，12 是 2 的 6 倍哦！」

「每個人需要 3 片巧克力餅乾，那麼，總共要準備幾片餅乾呢？我們把 3 片餅乾裝一袋，總共準備 6 袋吧！（在紙上寫下 3+3+3+3+3+3=18）這可以用 3×6=18 來表示。現在換你來畫畫看巧克力餅乾吧！」

「每個朋友約好要各帶 2 包餅乾來，生日那天可以吃的東西還真多呀！這樣的話，他們總共會帶來幾包餅乾呢？可以用加法寫寫看算式嗎？（等孩子寫出 2+2+2+2+2=10）好，那現在請用乘法再寫一次看看好嗎？」

「我們要買生日派對上要用的氣球，總共需要 12 顆。但去超市一看，發現氣球是以 3 顆為一組販賣的。那麼，我們要買幾組，才會有 12 顆呢？」

這時，請引導孩子畫出符合乘法算式的畫面，並和他一起寫出式子。舉杯子蛋糕為例，孩子會經歷「自己畫出每2個一組，總共6組的蛋糕→寫出加法式→置換為乘法式」的過程。

　　我們可運用的有彈珠、叉子和花朵等數不清的素材。雖然在本書中是舉生日派對為例，不過任何一種情境都可能作為例子。請帶領孩子親自畫圖，愉快地認識分組計數與由此延伸的乘法概念。沒有哪一種乘法學習法會比起融合孩子喜愛的主題和日常情境的方式更有效了！

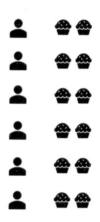

2+2+2+2+2+2=12
2×6=12

學習九九乘法
基準值

現在進入了學習九九乘法的第一階段！也就是認識九九乘法基準值的階段。九九乘法基準值，指的是各段乘以 1、2、5、10 後的值，這些數都是 10 的因數。

在此階段所學的九九乘法基準值，對乘法與除法計算來說都扮演了關鍵的角色，不僅能幫助建立乘法的基本概念，還能將各段之間的關係聯繫起來。此外，學習基準值也讓學習九九乘法變得簡單。若是一開始就先接觸完整的 2 段表，孩子很容易會覺得：「好難哦，太長了！」相反地，假如僅先學各段乘以 1、2、5、10 的乘積，他們會覺得：「好像比預期的簡單耶？不會很難啊？」

最後，如果在考試時忽然想不起九九乘法了，基準值也能引導孩子找出答案。關於這部分，將會在後續章節中詳加說明。

下方是九九乘法的基準值列表，請事先將每段列表剪開來。在學習1段與10段基準值的課程中，我將會說明如何運用基準值列表教孩子九九乘法。

原來這是
九九乘法的基礎！

1段 基準值	10段 基準值	5段 基準值	2段 基準值	4段 基準值
1×1=1	10×1=10	5×1=5	2×1=2	4×1=4
1×2=2	10×2=20	5×2=10	2×2=4	4×2=8
1×5=5	10×5=50	5×5=25	2×5=10	4×5=20
1×10=10	10×10=100	5×10=50	2×10=20	4×10=40
1×1=1	1×10=10	1×5=5	1×2=2	1×4=4
2×1=2	2×10=20	2×5=10	2×2=4	2×4=8
5×1=5	5×10=50	5×5=25	5×2=10	5×4=20
10×1=10	10×10=100	10×5=50	10×2=20	10×4=40

8段 基準值	3段 基準值	6段 基準值	9段 基準值	7段 基準值
8×1=8	3×1=3	6×1=6	9×1=9	7×1=7
8×2=16	3×2=6	6×2=12	9×2=18	7×2=14
8×5=40	3×5=15	6×5=30	9×5=45	7×5=35
8×10=80	3×10=30	6×10=60	9×10=90	7×10=70
1×8=8	1×3=3	1×6=6	1×9=9	1×7=7
2×8=16	2×3=6	2×6=12	2×9=18	2×7=14
5×8=40	5×3=15	5×6=30	5×9=45	5×7=35
10×8=80	10×3=30	10×6=60	10×9=90	10×7=70

學習 1 段與 10 段

首先請準備 1 段基準值的列表，從 1 段的基準值開始說明。說明方式如下。

「當 1 有 1 個的時候，總數等於 1；1 有 2 個時就等於 2；1 有 5 個時等於 5；1 有 10 個就等於 10。來，看仔細囉！當前後的數字交換位置，結果也一模一樣。當 2 有 1 個的時候，總數也是 2；5 有 1 個時還是等於 5；10 有 1 個時答案還是 10。」

```
1×1=1
1×2=2
1×5=5
1×10=10

1×1=1
2×1=2
5×1=5
10×1=10
```

聽完前述說明，並看了基準值列表的孩子，會有什麼樣的反應呢？百分之百會是這種反應：

「哇，真的嗎？太簡單了吧！」

這正是我們的目的。透過簡單的基準值列表，讓孩子明白一個重要的概念——乘法與加法一樣可適用交換律，即使前後數字調換位置，數值也不會改變。

如果孩子已經理解了 1 段，接下來即可進入 10 段。

「現在來試試看 10 段吧！10 有 1 個的話就等於 10，10 有 2 個的話等於 20，10 有 5 個的話等於 50，10 有 10 個的話就等於 100。10 段和 1 段一樣，就算把前後數字位置交換，答案也相同哦！」

$$10×1=10$$
$$10×2=20$$
$$10×5=50$$
$$10×10=100$$

$$1×10=10$$
$$2×10=20$$
$$5×10=50$$
$$10×10=100$$

在學 1 段時，孩子因為覺得理所當然，所以還能跟得上來，但是當位數增加後，有可能就會開始感到困難。尤其是乘法的交換律，對他們而言可能很難理解。此前學過的加法交換律，多少還能直覺地理解，然而要理解乘法交換律卻是相當困難的事。因此，請藉由圖畫來簡單地解釋分組計數，或讓孩子以親自觸摸實物、貼貼紙等方式，徹底地瞭解 10 段的意義。教老大時，我是以一盒 10 入的果凍，和 10 個單入散裝的果凍為例來說明。運用孩子經常會吃的果凍為素材，解釋無論何種情況的個數皆為 10，他馬上就理解了。

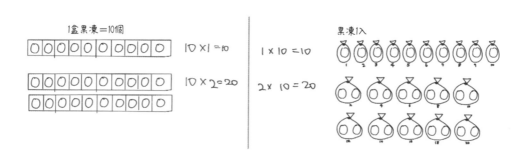

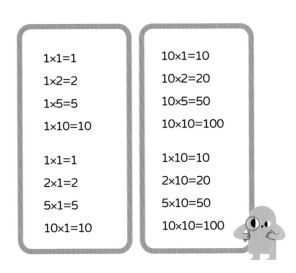

　分別學過了 1 段與 10 段的基準值後，請將兩者的基準值列表左右
並列，然後比較看看 1 段與 10 段的基準值。

　「首先，在比較 1×1=1 與 10×1=10 時，會發現什麼呢？看得
出哪裡不同嗎？後面的數字都一樣，不過前面的數字不同，是 1 和
10。算加法的時候，1+1 等於 2，10+1 等於 11 對吧。但是算乘法
的時候，如果前面或後面的數變成 10，我們就會知道算式的值變大
了 10 倍。如果比較 2×1=2 和 2×10=20 的話呢？前面的數都相
同，後面的數大了 10 倍，答案也大了 10 倍呢！」

　利用類似這種比較的方式，可以讓孩子理解乘法的原理。他們會
認知到乘法與計算加法時，加號左右數字增加 10，答案也隨之增加

10 的情況不同；計算乘法時，前或後的數字若增加 10 倍，算式的值也會增加 10 倍。

換句話說，他們會透過這些最簡單的數字，領悟到乘法不只是相加，而是「重複相加」的概念。由於這在往後的進階數學或數學思維題目中，是經常會應用到的概念，請讓孩子清楚地瞭解此概念。

我將有關運用基準值列表的過程，簡要地整理如下：

· 藉由基準值列表與實物，讓孩子將「乘法」理解為「數字的幾倍」（乘法是後面的數有多少，前面的數就反覆相加幾次；意即，乘法是「前面數字」的個數，有「後面數值」這麼多）
· 比較基準值列表的上半部與下半部，透過實物或圖畫理解交換律（乘法式的數字即使前後交換，答案也相同）
· 比較有相關性的其他基準值列表，瞭解其關係〔比較 a×b 與 a×(b + n)，會發現後者的結果值比前者大了 a×n，也就是 a 重複加了 n 次〕

除了 9 段以外，在學習其他段的基準值時，皆依此步驟進行即可。接下來將會簡要地說明之後學習基準值的順序。

學習 5 段基準值

接著來學習 5 段的基準值。在這單元中，也請一邊利用棋子、糖果或貼紙等實物，一起和孩子透過視覺來觀察，將會更容易理解。

然後，請比較看看 5 段與先前學的 10 段之基準值，並同時確認 5 段基準值是 10 段基準值的一半，而 10 段基準值也是 5 段基準值 2 倍的事實。這是理所當然的。

因為 5 就是 10 的一半！最重要的，讓孩子理解因為 5 段的基準值是 10 段的一半，所以答案也會是 10 段的一半。假如孩子難以理解這點，請帶著他回顧一下第四章中學習的跳躍計數，讓他再次回想起「5 跳數 2 次」就等於「10 跳數 1 次」這點。

學習 2 段、4 段、8 段基準值

請讓孩子看著 2 段基準值列表，一邊學習 2 段的基準值。由於先前在跳躍計數單元中已熟悉了 2 段的基準值，因此應該很快就能回想起來。當然，利用圖畫、貼紙等實物學習是很重要的手段，請別忘了此步驟。接著，請將 2 段和 1 段基準值表相互比較，讓孩子確認 2 段基準值為 1 段的 2 倍。

然後，請和孩子一起看看 4 段基準值表，並熟悉 4 段的基準值，再將 2 段與 4 段基準值表並列比較看看，理解 2 段與 4 段間的關係。如果孩子不太明白進行比較的意義，請明確地告訴他 4 段是 2 段基準值的 2 倍。

接下來，輪到同時是 2 的 4 倍與 4 的 2 倍的 8 段基準值了。

不過，通常從 8 段基準值開始，孩子就會感到有點困難了。

因為數字看起來似乎更複雜了。但即便孩子學得有些吃力，家長也無須慌張，請好好地安撫他。

「這比 4 段難一點對吧？這是正常的。但是需要學的其實只有四個而已。而且 8×1、8×2 和 8×10 很簡單啊。8×5 可能比較難，但如果把它想成是這裡有 8 個 5 呢？這樣應該就比較容易理解了。」

請務必告訴孩子，真正需要學的新東西其實沒多少，並教他以簡單的方式理解數字，如此一來才能減輕他的壓力。

最後再比較 8 段與 4 段基準值，和理解 8 段與 4 段間的關係。

學習 3 段、6 段基準值

先依照 3 段、6 段的順序熟悉了基準值後，請將兩者並列比較看看。3 段與 6 段的基準值，也是在跳躍計數單元裡已學過的數值。

假如孩子對此階段感到困難，可和先前一樣以圖畫或棋子等實物，讓他透過視覺去觀察和認識基準值，也可以再次練習 3 和 6 的跳躍計數。

學習 9 段基準值

接著來學習 9 段的基準值。與其他段不同的是，孩子必須認知到 9 段是「以 10 段為基準減 1 的值」的概念。以前背誦九九乘法表時令我感到最困難的就是 9 段，但依照此方法學習的孩子，卻會認為 9 段是最容易學的段。

課程一開始請直接將 9 段與 10 段的基準值列表並列比較，並和孩子一個個比較和討論 9 與 10 各自與 1、2、5、10 的乘積。

「10×1 等於多少呢？ 10 ！ 9×1 等於 9，是比 10×1 小了 1 的數字哦！」

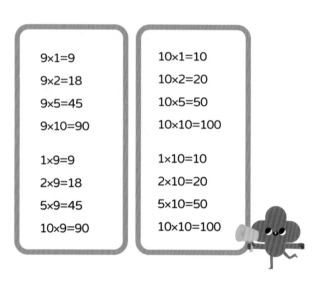

這時，請和孩子一起寫下算式，或將實物分為 2 堆，每堆各有 10 個，再從中各取走 1 個，變成 2 堆中各剩 9 個，他將能在這過程中更快理解。上述的過程，可寫成下列算式：

$$9 \times 1 = 10 - 1$$

$$9 \times 2 = 20 - 2 = 18$$

$$9 \times 5 = 50 - 5 = 45$$

$$9 \times 10 = 100 - 10 = 90$$

為何只有 9 段必須以 10 為基準來說明呢？採取此方法的原因，正是為了推估答案。孩子現在已經很清楚，乘法後面的數即代表前面的數反覆相加的次數了吧？我們雖然也能以相同方式解釋 9 段，不過以 10 為基準學習的話，往後將能利用推估，進行更快速的計算。舉

例來說，像 321×9 般複雜的式子，即可以（321×10）−（321×1）＝
3210－321＝2889 的方式算出解答。這種推估的方法使用得越熟練，
數感就會越加敏銳！

學習基準值應用題

透過目前學習過的所有課程，孩子們已在腦中奠定好九九乘法
的基礎了。其實孩子適應新事物所需的時間，遠比大人所預期的更
長。在他們完全適應以前，若接收了大量的相關資訊，可能會很有
壓力。但要是只先學習 1 到 10 段乘以 1、2、5、10 的值，就能減輕
一些壓力，孩子也能更明確地瞭解乘法的特性與各段間的關係。

最重要的是，在此階段中，我們不會教孩子 7 段的乘法。依據我親
自教孩子的經驗，對他們來說最困難的就是 7 段。不過等進入乘法最
後的階段，孩子就會自然而然學會 7 段的乘法，因此無須過於擔心。

在正式學習九九乘法之前，請讓孩子看看下頁的題目，藉此回顧
一遍先前學過的基準值。首先要寫出題目的答案，並觀察畫在圓圈
下的線與乘法的數量。除了 7 段以外，請針對 1 段到 10 段出題，然
後讓孩子作答。

請算出乘積

• 請先觀察圓圈下的線，再計算九九乘法吧！

1×1=　　　2×1=　　　3×1=

1×2=　　　2×2=　　　3×2=

1×5=　　　2×5=　　　3×5=

1×10=　　2×10=　　3×10=

4×1=　　　5×1=

4×2=　　　5×2=

4×5=　　　5×5=

4×10=　　5×10=

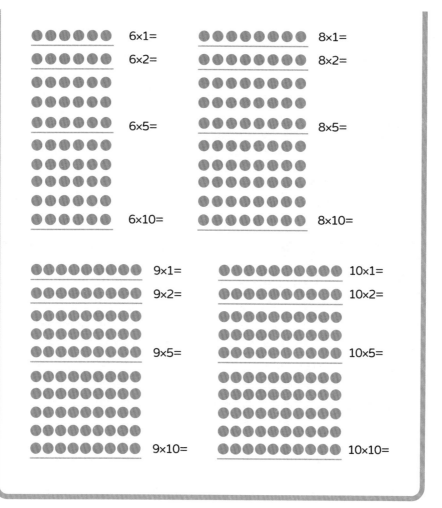

●●●●●● 6×1=	●●●●●●●● 8×1=	
●●●●●● 6×2=	●●●●●●●● 8×2=	
●●●●●●	●●●●●●●●	
●●●●●●	●●●●●●●●	
●●●●●● 6×5=	●●●●●●●● 8×5=	
●●●●●●	●●●●●●●●	
●●●●●●	●●●●●●●●	
●●●●●●	●●●●●●●●	
●●●●●●	●●●●●●●●	
●●●●●● 6×10=	●●●●●●●● 8×10=	

●●●●●●●●● 9×1=	●●●●●●●●●● 10×1=
●●●●●●●●● 9×2=	●●●●●●●●●● 10×2=
●●●●●●●●●	●●●●●●●●●●
●●●●●●●●●	●●●●●●●●●●
●●●●●●●●● 9×5=	●●●●●●●●●● 10×5=
●●●●●●●●●	●●●●●●●●●●
●●●●●●●●●	●●●●●●●●●●
●●●●●●●●●	●●●●●●●●●●
●●●●●●●●●	●●●●●●●●●●
●●●●●●●●● 9×10=	●●●●●●●●●● 10×10=

基本的九九乘法世界

现在起，正式開始學習 1 ～ 10 段的乘法吧！我們學習九九乘法的順序，和學習基準值的順序是相同的。

- 藉由九九乘法列表與實物，讓孩子將乘法理解為「數字的幾倍」（乘法是後面的數有多少，前面的數就重複相加幾次；換句話說，乘法是「前面數字的個數，有後面數值這麼多」）
- 比較九九乘法表上半部與下半部，運用實物或圖畫，和孩子一起理解交換律（乘數與被乘數即使前後位置對調也不影響答案）
- 比較看看相關的九九乘法表並瞭解其關係（若比較 a×b 與 a×(b ＋ n)，會發現後者比前者大 a×n，意即多加了 n 次）

不過在此階段，多了「數線」這項工具以及新的解題方法。數線是之前學過的跳躍計數之延續，是一種能幫助孩子加深對九九乘法認知

的絕佳工具。至於畫出數線的方法，將會在教學 2 段時再次說明。

　　請購買將 1 段到 10 段區隔開的九九乘法表，並把各段裁剪開來，以便將各段列表給孩子看。假如都準備好了，就開始學習 1 段到 10 段的九九乘法吧！

1段	2段	3段	4段	5段
1×1=1	2×1=2	3×1=3	4×1=4	5×1=5
1×2=2	2×2=4	3×2=6	4×2=8	5×2=10
1×3=3	2×3=6	3×3=9	4×3=12	5×3=15
1×4=4	2×4=8	3×4=12	4×4=16	5×4=20
1×5=5	2×5=10	3×5=15	4×5=20	5×5=25
1×6=6	2×6=12	3×6=18	4×6=24	5×6=30
1×7=7	2×7=14	3×7=21	4×7=28	5×7=35
1×8=8	2×8=16	3×8=24	4×8=32	5×8=40
1×9=9	2×9=18	3×9=27	4×9=36	5×9=45
1×10=10	2×10=20	3×10=30	4×10=40	5×10=50

6段	7段	8段	9段	10段
6×1=6	7×1=7	8×1=8	9×1=9	10×1=10
6×2=12	7×2=14	8×2=16	9×2=18	10×2=20
6×3=18	7×3=21	8×3=24	9×3=27	10×3=30
6×4=24	7×4=28	8×4=32	9×4=36	10×4=40
6×5=30	7×5=35	8×5=40	9×5=45	10×5=50
6×6=36	7×6=42	8×6=48	9×6=54	10×6=60
6×7=42	7×7=49	8×7=56	9×7=63	10×7=70
6×8=48	7×8=56	8×8=64	9×8=72	10×8=80
6×9=54	7×9=63	8×9=72	9×9=81	10×9=90
6×10=60	7×10=70	8×10=80	9×10=90	10×10=100

首先，請孩子看看 1 段九九乘法表並熟記所有內容，再給他看 10 段九九乘法表並熟記其內容。然後將 1 段與 10 段九九乘法表並列比較看看，引導他說明兩者之間有何關係（1×3 等於 3，那 10×3 就等於 30 對吧？）。

對 1 段與 10 段已經熟練的孩子，眼中將會充滿著自信。雖然在學習 8 段、6 段和 9 段基準值時，他們稍微失去了信心，但以 1 和 10 基準的九九乘法，看起來就很簡單。

為了讓他們感覺「其實不難啊？」請多多激勵孩子們。

孩子們學了 1 段與 10 段，恢復了自信後，即可開始教他們所有的九九乘法了。接著進入 2 段、4 段和 8 段的九九乘法吧！

2 段、4 段、8 段與 3 段、6 段

雖然孩子看了 1 段與 10 段能直接理解，不過從 2 段開始，就會暈頭轉向了。因此，請務必讓他們藉著畫圖，或以實物演示的方式學習。德國小學會將數十個圓形塑膠鈕扣寄來家裡，目的就是讓孩子在家中寫作業時能透過雙眼與雙手，運用鈕扣進行計算。

首先，請孩子看著九九乘法表，並以鈕扣或圖畫來表現指定的算式。例如，將兩個鈕扣排成一排以表示 2×1，然後再寫成加法式。

排好鈕扣後先別清除（這點很重要！），接著指導孩子在 $2 \times 1 = 2$ 的鈕扣旁，也排出代表 $2 \times 2 = 4$ 的鈕扣，再寫出算式。

請反覆此流程，直到孩子排列過 2 段的所有算式。當他發現答案每次都會增加兩個時，就會明白乘法的原理了。

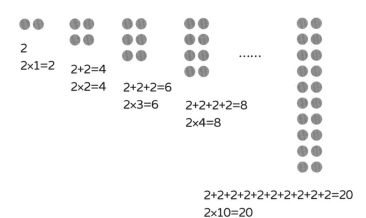

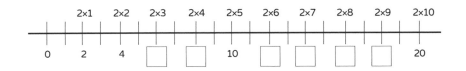

然後請清除鈕扣，並準備好如同下方樣式的數線。這是 2 段的數線，不過是僅標示出 1、2、5、10 等基準值的特殊樣式。

孩子必須學會的是利用基準值與數線推估其他乘積，以求出空格中解答的方法。他們必須認知到 2×3 是比 2×2 再多加一次 2 的值，

而 2×4 則是比 2×5 小 2 的值。

然而若要求孩子直接以算式推估答案，對他們而言會太困難；若利用實物以直觀的方式演示，又難以呈現出牽涉邏輯的計算過程，所以需要以數線進行練習。

可引導孩子在數線上畫箭頭，寫上要加的數，或以黑點標記，讓他自由地思考和推論。

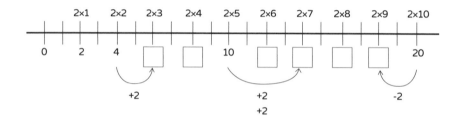

這樣利用基準值推估其他九九乘法乘積的方法，可以讓孩子在記不起九九乘法時，也能不慌不忙地求出解答。不僅如此，現在所學的推估法，亦會成為未來更複雜的乘法運算的基石，因此務必讓孩子熟練。

如果孩子已好好消化了這單元，接著就可以學習 4 段了，過程與 2 段大同小異。

首先，請讓孩子用實物來表示乘法，並分別以加法式和乘法式寫出計算過程。

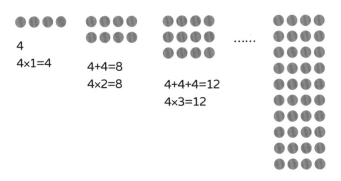

4
4×1=4

4+4=8
4×2=8

4+4+4=12
4×3=12

......

4+4+4+4+4+4+4+4+4+4=40
4×10=40

　　在開始利用下列數線推估解答之前，請先讓孩子比較看看 4 段與 2 段。雖然在學習基準值時已接觸過了，但請帶著他們再確認一遍。請將 2 段表與 4 段表並列，一一比較每個數字，讓孩子認知到 4 段為 2 段兩倍的事實。

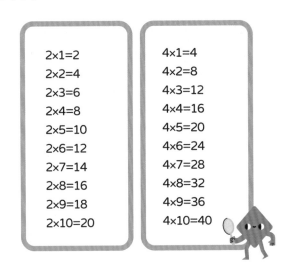

2×1=2
2×2=4
2×3=6
2×4=8
2×5=10
2×6=12
2×7=14
2×8=16
2×9=18
2×10=20

4×1=4
4×2=8
4×3=12
4×4=16
4×5=20
4×6=24
4×7=28
4×8=32
4×9=36
4×10=40

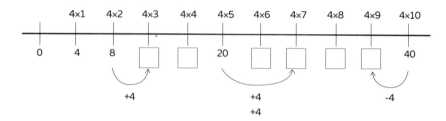

再利用數線求出基準值以外的數。

本書透過 2 段與 4 段，介紹了學習九九乘法的方法，其餘的段也依循相同方式進行即可。

教孩子 8 段時，也請以實物排列，並讓他寫出算式和比較 8 段與 4 段。接著準備僅標出基準值的數線，指導孩子推估出空格中的解答。

至於 3 段也一樣。先讓孩子熟悉完整的 3 段，再請他以加法表示之，並利用數線做練習。而 6 段也是運用實物或圖畫學習，再寫寫看算式。最後再將 3 段與 6 段並列比較，然後在數線上練習。

學習九九乘法的順序，請依 2 段、4 段、8 段、3 段、6 段的順序進行。

學習 9 段所有乘積

如先前所學的，我們將再次練習把 9 段看作比 10 小 1 的數之乘積，這將會是最簡單的段！

段	第一階段	第二階段	第三階段
2段	排列實物，練習寫出加法式與乘法式		利用數線上的基準值推估出其他答案
4段	排列實物，練習寫出加法式與乘法式	與2段並列比較看看	利用數線上的基準值推估出其他答案
8段	排列實物，練習寫出加法式與乘法式	與4段並列比較看看	利用數線上的基準值推估出其他答案
3段	排列實物，練習寫出加法式與乘法式		利用數線上的基準值推估出其他答案
6段	排列實物，練習寫出加法式與乘法式	與3段並列比較看看	利用數線上的基準值推估出其他答案

請先看著乘法表，思考看看 9 段與 10 段間的關係。接著以 9 是比 10 小 1 的數的概念出發，指導孩子自行把 9×1 到 9×10 都寫一遍，就如同下方所示。

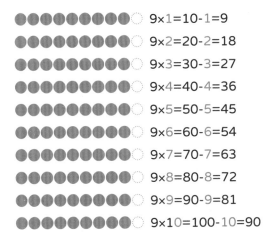

9×1=10-1=9
9×2=20-2=18
9×3=30-3=27
9×4=40-4=36
9×5=50-5=45
9×6=60-6=54
9×7=70-7=63
9×8=80-8=72
9×9=90-9=81
9×10=100-10=90

看到特別以紅色標示的部分了嗎？明確地向孩子說明紅色數字的部分，他會更容易理解。這對於孩子認識 9 段的個位數時，是非常實用的教學法。直到不久之前，我也老是搞不清楚 9×7 的個位數是 2 還是 3，但瞭解了這個方法後，就再也不會混淆了。這對孩子而言也一樣有用。

若到這裡都已理解了，也請讓孩子和之前一樣，利用數線上的基準值求出 9 段的其他乘積。

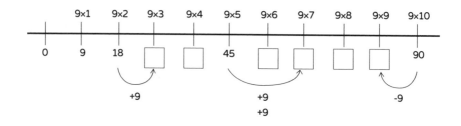

令人期待已久的 7 段

終於來到了最後的 7 段了！在進入 7 段之前，請先準備一張包含 1 月到 12 月的年曆，這是最適合以 7 作為基準的道具了。

請看著每個月的月曆，一邊將 7、14、21、28 圈起來。孩子應該已經知道 7 天等於一星期了吧？因此當他圈出這四個數字後，將會發現 7、14、21、28 都是同一個星期數。從 1 段開始，我們都運用生活中常見的元素輔助教學，如此一來，孩子就會知道即使是很困

難的 7 段，也不是全然的陌生。假如已仔細觀察過月曆了，接著請利用實物教孩子 7 段的基準值。

先前曾說過，只要學過各段的基準值，最後就能自然學會 7 段了，對吧？看過 7 段的基準值後，就讓孩子寫寫看完整的 7 段。這可能會花上一點時間，不過他們將會順利地寫出來。假如孩子會混淆 7 段的後半段，請引導他以基準值為基準求出其他的答案。算著算著，他就會發現似曾相識之處了。這是為什麼呢？因為已經有了 9 段以前基準值的基礎，所以在計算其他積數時，會發現其實已學過其他段與 7 的乘積了。

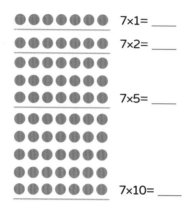

$7 \times 1 = \underline{\quad}$

$7 \times 2 = \underline{\quad}$

$7 \times 5 = \underline{\quad}$

$7 \times 10 = \underline{\quad}$

其實 7 段是孩子最難背起來的段之一。即便是聰明的孩子,也認為難以掌握 7 段與其他段之間的關係,因此有些似懂非懂。但學過了其他段的基準值,並瞭解交換律亦適用於乘法後,即可輕鬆學會 7 段。

在日常生活中應用乘法

接著是學習如何在日常生活中運用的階段。孩子如果藉此發現,原來數學不是距離生活很遙遠的事,就會對數學更有興趣。

德國課本上有一張在市場買花和蔬菜的圖片,描繪出農民販售自家栽種作物的地方市集。在德國,市集相當發達,孩子們也經常跟著媽媽來採買,所以對他們來說是非常熟悉的情境。假設花店裡每朵花售價 2 歐元,讓孩子討論看看「若購買 3 朵花,付了 10 歐元,購買花的總金額是多少?又該拿回多少零錢?」,他們就能明白乘

法在日常生活中是能派上用場的。

其實任何情境都可以，請找出孩子會感到興趣的事物，並瞭解他的想法，再提出問題。也可以搬出之前用過的生日派對情境，或利用他們喜歡的恐龍故事等進行解題。

或者，也可以試著想像下列情境：孩子來到德國旅遊，在當地的糖果店買東西。請在他面前擺出真的糖果、巧克力或餅乾等（印出歐元道具紙鈔更好），和他一起玩購買零食的遊戲。

4歐元

3歐元

「我們走進一間糖果店。這裡的糖果一個 4 歐元，巧克力一個 3 歐元。如果用 20 歐元買 5 個糖果的話，應該要拿回多少零錢呢？」

「對了，我想買多一點巧克力，一共要買 9 個。如果用 50 歐元買 9 個巧克力的話，可以拿回多少零錢呢？」

九九乘法的分解與合成

　　在前面單元中，我們曾反覆練習以各段的基準值為基準，在數線上推估其他答案的方法。這是為什麼呢？看了這個單元，你就會明白原因了。

　　我們以 4×7 為例，在數線上把它標示出來。之前是從 4×5 開始把 4 加兩次，就能求出 4×7 的值。現在我們以稍微不一樣的方式來表現看看吧！

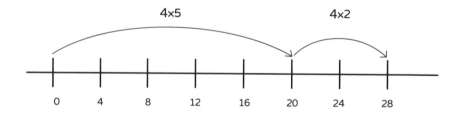

　　此算式也可以用右頁的乘法分解表表示。先將 4×7 的 7 分解為 5 和 2 後，再分別乘以 4，然後在右下角寫上兩個乘積相加的最終解答。

×	5	2
4	20	8

28

計算過程可寫成下列算式，但這是為了幫助父母理解，請不要給還不瞭解括號意義的孩子看。

$$4×7 = 4×(5+2)$$
$$= (4×5)+(4×2)$$
$$= 20+8$$
$$= 28$$

重要的是，對於已理解 4 重複加 2 次就是 4×2 的孩子，必須讓他明白 4×7 可以分解為 4×5 和 4×2，也就是 4×7 ＝ 4×（5 ＋ 2）。

將乘法進行「數字分解」再計算的練習，對往後更複雜的乘法運算與分數運算將有直接的助益。舉例來說，三年級時會學到二位數的乘法，正如同把 7 分解為 5 和 2 的方式，二位數字會先被分解為 10 的倍數後再進行計算。學習九九乘法時，若能先充分練習過數字分解，將來即可輕鬆解題。

我在輔導學生時發現，即便是擅長九九乘法的孩子，在碰到二位數乘以一位數的乘法時，仍會覺得困難。而在韓國，學生在此階段開始被要求採用直式運算，但原本就因為位數增加而倍感壓力了，還必須適應新的計算方式，所以會感覺更加困難。不過這些孩子在學習過德式乘法後，他們甚至能在尚未學習三位數乘法的情況下，直接計算出答案，而且還認為這很有趣，要求我繼續出題——這光景讓一旁的家長和負責教學的我都驚嘆不已！他們最大的改變，是看待數學的態度。因為孩子們連連發出「太簡單了！太有趣了！」的讚嘆聲，顯示他們對數學產生了自信。

　　德式乘法不僅讓乘法立即變得簡單，對於因式分解與方程式的理解也有很大的影響。孩子如果對於將 4×7 分解為（4×5）+（4×2）的方法很熟悉了，往後將能很快理解從 $x^2 + x$ 中找出公因數 x，再把算式寫成 x（x + 1）的原理。當你越深入研究從年幼時接觸的數學運算對孩子造成的影響有多大，就會越感到驚訝！

乘法的數字分解：利用表格計算

　　這部分算是「= 10」的乘法篇，也可將其視為二位數以上乘法的學習基礎。

首先從最簡單、最容易的開始學。我們先練習以 5 為基準，利用表格分解數字吧！

請依照下列說明，利用表格來解題。先以 5 為基準將數字分解後，再各別相乘，最後加總即可。在這個階段，請確保孩子清楚地理解了乘法分解的原理。

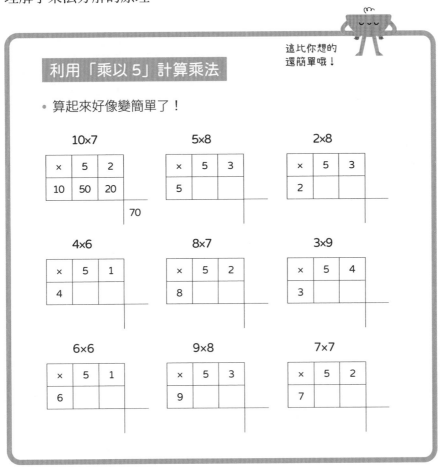

這比你想的還簡單哦！

利用「乘以 5」計算乘法

• 算起來好像變簡單了！

10×7

×	5	2
10	50	20

70

5×8

×	5	3
5		

2×8

×	5	3
2		

4×6

×	5	1
4		

8×7

×	5	2
8		

3×9

×	5	4
3		

6×6

×	5	1
6		

9×8

×	5	3
9		

7×7

×	5	2
7		

孩子輕鬆愉快地算出答案後，請他使用下方空白的表格，自行出題並解題。當然，出題範圍要在先前所學的九九乘法範圍內。家長若在孩子身邊觀察他自行出題的過程，就能同時確認他是否真的理解了此概念。假如他覺得這部分很困難的話，可以讓他多練習幾次先前的指定題目。

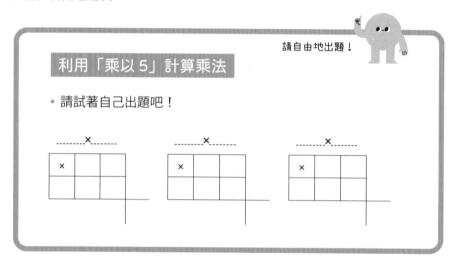

乘法的數字分解：僅用算式解題

　　這部分是「with 10」的乘法篇。應該還記得算九九乘法時，把 9 視為比 10 小 1 的數來計算的方法吧？當二位數以上的數相乘，且其個位數為 9 或 8 時，這是個能讓計算變得非常簡單的神奇方法。例如計算 23×39 時，不將橫式轉為直式計算，而是先計算出 23×40

的答案後再減掉 23，如此一來能更快、更正確地求出解答，而且還可避免混淆位值。先前以乘法基準值為準，在數線上推估其他乘積的方法，即使拿掉數線也不妨礙計算。其實可將此方法視為是計算二位數乘法的基礎。由於接下來只能利用算式求解，對孩子來說也許較為複雜、困難，請耐心地引導他。萬一他覺得很難理解，請讓他像之前一樣練習以九九乘法基準值為準，在數線上推估其他乘積後，再回來解題。

如果要以 2×10 為準，求出 2×9 答案的話，該如何寫出算式呢？與先前所學的加法相同，請把 9 視為比 10 小 1 的數來計算。

$$2×10=20$$
$$2×9=20-2=18$$

為了寫出這道算式，孩子必須理解「2×10 等於 2 加 10 次，2×9 等於 2 加 9 次」這樣的乘法基本概念才行。請讓他練習能在沒有數線表格輔助之下，寫出算式。

下頁是利用乘法基準值 10 進行計算的題目。

利用「乘以 10」計算乘法

很簡單吧？

• 算起來好像變簡單了！

| $2 \times 10 =$ _____ | $5 \times 10 =$ _____ | $6 \times 10 =$ _____ | $8 \times 10 =$ _____ |
| $2 \times 9 =$ _____ | $5 \times 8 =$ _____ | $6 \times 9 =$ _____ | $8 \times 8 =$ _____ |

下方是利用乘法基準值 5 進行計算的題目。例如，4×6 是 4×5 再加上 4×1，因此可以寫成 $4 \times 6 = 20 + 4 = 24$。請引導孩子看一遍題目，再慢慢求出解答。

利用「乘以 5」計算乘法

用好玩的方式解題吧！

• 算起來好像變簡單了！

| $3 \times 5 =$ _____ | $4 \times 5 =$ _____ | $7 \times 5 =$ _____ | $6 \times 2 =$ _____ |
| $3 \times 4 =$ _____ | $4 \times 6 =$ _____ | $7 \times 3 =$ _____ | $6 \times 3 =$ _____ |

下頁是利用乘法基準值 2 進行計算的題目。

變得
好簡單哦！

利用「乘以 2」計算乘法

- 算起來好像變簡單了！

| 8×2=＿＿＿ | 9×2=＿＿＿ | 7×2=＿＿＿ | 6×2=＿＿＿ |
| 8×3=＿＿＿ | 9×3=＿＿＿ | 7×3=＿＿＿ | 6×3=＿＿＿ |

　　假如孩子在此階段只是將九九乘法表死背下來，有可能會在進入除法時跌一大跤，因此必須把乘法學得夠扎實。只要打好乘法分解的基礎，那麼下個單元將碰到的乘法比大小問題，以及三年級時會學的二位數以上乘除法，對孩子來說都會是小菜一碟！

CHAPTER

6

越過「除法」
這座高山！

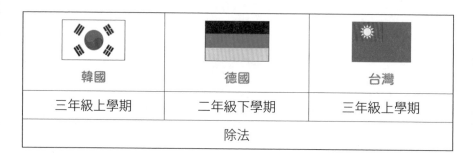

課程比較		
韓國	德國	台灣
三年級上學期	二年級下學期	三年級上學期
除法		

接下來，輪到學習除法這個新概念的階段了！每當我請學生選出自然數的四則運算中最困難的單元時，大部分都回答是「除法」。

除法為何如此困難呢？因為是第一次接觸的概念，所以會感到吃力。無論是概念本身或符號，都是全然的陌生。因此，學習除法時，絕對不能先從算式開始，請務必舉日常生活中的情境為例向孩子說明，也別提到「除法」一詞或寫出除法的符號。而且請讓孩子有充分的時間，先從簡單的題目開始練習。題目雖然不能太難，但仍得讓他藉此確實掌握除法的重要概念，未來才有可能在遇到更複雜的題目時，從容不迫地面對挑戰。

那些曾說看到除法就想哭的孩子們，在按照德式學習法學習除法後，反而認為：「除法是最有趣的運算！」我的老大剛學了除法後，甚至在長達一週以上的期間裡，不斷拜託我繼續出除法題目給他。而且瞭解了除法基本概念後，孩子因為養成了應用的能力，所以甚至能夠自行算出尚未學到的三位數除法解答——讓除法變簡單的關鍵點，正是除法的概念！

理解除法的基本概念

　　數學與日常生活有著密切的關係，尤其是運算。因此在開始學除法之前，若在日常中遇到可運用除法概念的素材時，不妨把握機會向孩子說明。

　　比如說在吃蛋糕時，可以和孩子討論，若要將切成 8 片的蛋糕平均分給 4 位家人，那每個人能吃到幾片；或是如何把從糖果店買來的軟糖與弟弟、妹妹平分。

　　此時，請先別使用「除法」一詞和除法的符號，而是用「分享」、「公平地分配」或「平分」等慣用的詞，因為我們得先讓他熟悉除法的概念。如果已和孩子充分討論過了，即可進入下一個階段。

在遊戲中學習除法基本概念

德國課本是藉由日常中可輕易接觸的情境帶出除法概念，然後將除法概念與符號、算式連結，引導學生建立對除法的認知，並讓他們在比較除法與乘法的過程中，逐步立下基礎。

以下是我將德國課本的除法課程稍微調整後的情境。此階段的目標，是讓學生理解除法概念與學習除法的符號（÷）。

除法概念中的等分除，對孩子來說並不難理解。只要向孩子說明像「如果要將物品平分的話，該怎麼做呢？」這種問題就是除法，而分配給每個人的量即稱為「份」。

「牆面總共需要 25 顆裝飾用的氣球,而負責布置氣球的人共有 5 位,那麼每個人必須吹幾顆氣球呢?(和孩子一起在每個人前方畫上 5 顆氣球)分給每個人 5 顆氣球就可以了!25 顆分給 5 個人,所以每一部分的大小是 5,而每一個『部分』我們叫做『商數』。(寫下 25÷5=5)我們可以寫成像這樣的算式,這是表示把前面的數依照後面的數平分。」

令人意外的是,家長也很難理解「這個數必須減幾次呢?」的問題。請向孩子解釋此概念專業一點的名稱是「包含除」,意即「份數」同時也等於連減的次數與「商數」,而且請同樣透過說故事的方式說明。重要的是必須利用圖畫或實物直接演示連減的行為。

「好,現在我們有 15 個巧克力,要讓每個人吃到 3 個。其中一個人吃掉了 3 個,另一個人再吃掉 3 個……哇,大家不知不覺地把巧克力吃完了。請問有多少個人吃到了巧克力呢?可以回答看看嗎?」

「巧克力總共有 15 個,一個人要吃到 3 個的話……那有 5 個人可以吃到!」

「答對了!這其實就等於 15 要把 3 減掉 5 次的意思,也就是 15-3-3-3-3-3=0。我們也會說 15 除以 3 等於 5。(寫下 15÷3=5)算

式可以這麼寫。在這式子裡，5 是 15 除以 3 的商數。」

「我們有 30 朵花，每個瓶子裡要插 5 朵花。那總共需要幾個花瓶呢？」

「總共有 30 朵花，每個瓶子要插 5 朵，所以會需要 6 個花瓶。也就是 30 除以 5 等於 6，30 除以 5 的商數是 6。」

「沒錯！你可以寫看看算式嗎？（等孩子正確寫出 $30 \div 5 = 6$）我們從 30 朵花裡每次拿走 5 朵花，總共拿走 6 次對吧？這等於每次從 30 朵中減掉 5 朵，減了一次、兩次、三次、四次、五次、六次！我們重複減掉同一個數字的次數，就叫做『商數』。」

與先前剛學乘法時一樣，請引導孩子先以畫圖或貼貼紙的方式來表現算式，再進一步連算式一起寫出來。意即依照「使用圖畫或實物體驗除法概念→藉由討論學習除法→寫出算式」的順序，幫助孩子愉快地學習除法。

家長可別跳過或小看這個簡單有趣的遊戲。孩子必須在此階段以手眼並用的方式，充分地熟悉「將全部數量平均分配」、「連減」與「商數」（一組物品的數量或組數）的概念。如此一來，他才不會在接著學習乘法與除法關係時，毫不猶豫地用死記下來的九九乘法解題。而且在先前也提到過，為了讓孩子安然度過容易成為「棄數生」的第一道關卡——分數，他必須徹底地學好除法。

數學的課程內容是階梯式的，請務必記得孩子必須確實地理解上個階段，才能進入下一個階段。

以九九乘法基準值爲基礎
來認識除法

　　若孩子已透過熟悉的情境與素材理解了除法概念與符號，接下來即可利用更單純的圖畫，向孩子說明乘法與除法的關係，以進一步擴展除法的概念。

利用貼紙理解除法

　　請利用貼紙創造應用乘法與除法的情境，並寫出所有能用貼紙出題的乘法與除法，與孩子一起計算看看。家長先別給孩子提示，不妨和他們一邊在本子上貼貼紙，一邊出題。接下來以總數有 21 個，每列 7 個，每行 3 個的左題爲例，說明該怎麼進行這個活動。

　　我們先從乘法式開始依序出題吧！若以每行 3 個爲一組，那總共就有 7 組，接著請寫出式子並計算。答案是 $3 \times 7 = 21$。假如以每列

兩者有什麼
關係呢？

探索乘法與除法的關係

● 請試著用貼紙表示乘法與除法吧！

$7 \times 3 =$ _____

$3 \times$ ___ $=$ _____

$21 \div 3 =$ _____

$21 \div 7 =$ _____

___ $\times$ ___ $=$ _____

___ $\times$ ___ $=$ _____

___ $\div$ ___ $=$ _____

___ $\div$ ___ $=$ _____

7 個為一組，就會發現共有 3 組，然後依此寫出式子並計算。答案是 $7 \times 3 = 21$。

下一步該是寫出除法式的階段了。請先以每行 3 個為一組，然後確認共有多少組。可以和孩子一起確認總共有 7 組，再看著貼紙寫出算式。答案是 $21 \div 3 = 7$。接著採相同方式，觀察當每列 7 個為一組時，總共會有幾組。

請指導孩子比較和對照乘法與除法，並讓他認知到「求出整體大小」是乘法的概念，而「找出每一組的數」則是除法的概念。

利用數線計算除法

　　接下來要將貼紙和實物擱一邊，改用數線教除法和乘法間的關係。目的是讓孩子觀察該如何在數線上表現算式，並從除法概念與乘法間的關係中再次確認這點。下方是由兩個題目組成的題組，其中一題是包含在九九乘法中算過很多次的基準值（1、2、5、10）除法題，另一題則是除以基準值或其他數的題目。如果從基準值開始教，孩子會因為感覺似曾相識，而能更順利地解題。

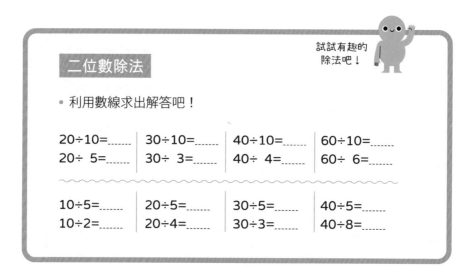

在指導孩子此單元時，請確保他不是靠著熟背的九九乘法機械式地解題。重要的是他能夠在數線上標示出指定的題目，並藉此求出答案。

接下來就以比較 20÷10 與 20÷5 的題目為例，說明該如何指導孩子計算這題。

首先，請在紙上畫出上、下兩條標出 1 到 20 的數線，然後讓孩子在上方的數線上計算第一題，在下方數線上計算第二題。換句話說，請在上方數線上做 10 的跳躍計數，在下方數線上做 5 的跳躍計數。

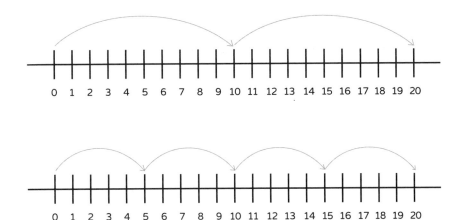

20 格的數線以 10 為單位跳躍計數的話，可跳躍 2 次；而以 5 為單位的話則是 4 次。所以答案分別就是 2 和 4 對吧？請讓孩子在答案紙上寫下來，最後再請他確認 5 格跳躍計數 2 次時，會與 10 格跳躍 1 次的位置交會，這個單元就告一段落了。

以基準値爲基準計算除法

接下來我們不使用數線，直接以算式計算除法。

求出算式的
商數吧！

二位數除法

• 請先算出上面算式的答案，再以此爲基準，算出下面式子的解
答吧！

20÷4=_____	40÷4=_____	30÷5=_____	50÷5=_____
16÷4=_____	36÷4=_____	25÷5=_____	45÷5=_____

30÷6=_____	60÷6=_____	35÷7=_____	70÷7=_____
36÷6=_____	54÷6=_____	28÷7=_____	63÷7=_____

　　這道題目是由兩個算式構成的題組，而這兩道算式有什麼樣的關
係呢？上面算式的作用，是利用已熟知的乘法基準值，作爲幫助算
出下面算式的基準式。下面算式的商數，會比上方算式的商數小1
或大1。這些題組的目的，是讓學生先計算上方算式後，不須實際計
算下方算式，即可依據已作答的上方算式去推估答案，透過這樣的
練習，他們將會明白乘法與除法間的關係，以及除法中「商數」的
意義。在此階段，也請讓孩子別使用熟記的九九乘法，而是以分組
或連減的方式計算。假如孩子仍感到很困難，就代表他還需要利用

圖畫或實物、數線做更多練習，因為他的大腦尚未充分地理解除法的意義。為了建立堅實的基礎工程，請帶著孩子再次以實物、貼紙和數線多做練習，之後再回來挑戰這道題目。

以下舉第一道題目為例。讓孩子思考當 20 分為每 4 個一組時，可分為多少組（此時他會想起之前運用實物或數線計算的過程），並請他寫成算式。把 20 分為每 4 個一組，共可分為 5 組，我們可以寫成 20÷4 = 5。然後再讓他以 20÷4 為基準，求出 16÷4 的解答。16 是比 20 小 4 的數對吧？所以會比 20 分為 4 個一組的答案少一組，那麼答案就是 16 除以 4 等於 4 了。藉由上述方式，孩子會經歷推估出答案為減一組的數的過程，並完整地吸收除法的概念。

有一點必須再次強調，此階段中重要的不是孩子能夠快速算出答案，而是他理解了自己正在計算的除法是什麼概念，且能夠在腦中描繪出輪廓。

「嗯……把 40 分裝成每 8 個一盤的話，可以分成 5 盤。那假如把比 40 小 8 的 32 分裝成每 8 個一盤的話呢？這樣只要移走一盤就好了——答案是 4 盤！」上述的思考過程，必須不斷地在孩子的腦海中執行。在這個階段，孩子無論是在學校或在試題本上，都會經常碰到在九九乘法範圍內的除法問題，就像下頁的例子：

```
4÷2＝_____          10÷2＝_____
6÷2＝_____          12÷2＝_____
8÷2＝_____          14÷2＝_____
```

針對這道題目，孩子用這種方式即可輕鬆解題：

「二二四、二三六、二四八、二五十！」

　　請先觀察他是如何解題的，假如他以上述方式算出答案，請務必再次以口頭解釋一次除法的概念。親自解題是孩子的工作，而透過語言刺激孩子大腦中掌管邏輯思考的額葉與聽覺神經，則是媽媽的工作。因此，為了讓大腦接收各式各樣的刺激，以口語再將概念總結並向孩子說明，他們將能更明確地理解、整理所學的內容。

　　「把 4 分成每 2 個一組會得到兩組，也就是 4 除以 2 等於 2。接著你看下面的式子是 6 除以 2，6 比 4 大 2，所以答案會比 4 除以 2 的商數大一組，這題的商數就是 3 了，對吧？現在你可以算算看 8 除以 2，然後說明看看嗎？」

　　將九九乘法背得滾瓜爛熟的孩子，可能會認為這些說明很多餘，應該很想趕快寫出答案，進入下個單元吧？但若是如此囫圇吞棗地

學習，等到以後接觸到超出九九乘法範圍的除法時，將會變得非常困難。舉例來說，如果遇到像 638 除以 58 這種題目時，原本習慣用九九乘法計算除法的孩子，就會不知所措了，因為他們沒背過 58 段。因此，孩子必須在這段過程中確確實實地理解除法概念，才能在遇到更大的數字時計算除法。

孩子必須在不用上九九乘法的情況下解題的理由，不只這一項。除法的概念，對於往後會學到的分數概念是必備的基礎。不知道除法與分數間關係的家長竟意外地多，但其實除法符號本身，就是從分數的模樣來的，分數同時也是除法的另一種呈現方式。

意即，$\frac{1}{2}$ 等於 1 除以 2 的值。

當然，它也等同於一被等分為二後的其中一份。

無論是哪一種，分數都包含了除法的意義。如果孩子已建立好除法的概念，等到三年級上學期時第一次接觸分數的概念時，將能更容易理解。

請問問看學過除法的孩子這個問題：「1 除以 4 的話，商數會變成多少呢？」

假如孩子不太懂這個問題的話，請換個方式問他。意思雖然相同，但光是幫助他在腦中想像情境，他就能更輕鬆地求出答案了。

「如果想把一塊巧克力派平分給4個人，該怎麼分呢？」但假如孩子尚未建立好完整的除法概念，即便換個簡單的方式提問，他還是會感到手足無措。

相反地，如果孩子已在腦中建立了除法概念的完整認知，聽到上述題目後，他就會為了把巧克力派「平均」分配、切成等份——這正是孩子第一次接觸到的分數概念。

而且，若先在學習除法的階段，熟練了一邊看算式，一邊在腦中將之圖像化的思考方式，往後在計算文章式題型時，孩子們會更容易寫出算式和作答。而將分數的文章式題型圖像化的能力更是重要，剛開始接觸時，他可能會感到很複雜又困難，但若在學習除法的階段時就持續練習的話，往後遇到文章式題型時將能自然而然在腦中描繪情境，並算出答案。

因此，即便孩子需要花上一些時間消化，也請從旁協助他在不利用九九乘法的情況下，以除法基本概念逐一解題。

總結商數的概念

最後要介紹的是能幫助孩子確實整理除法「商數」概念的題目。

下方所有題組中算式的答案皆相同，但與先前遇過的題目有些不同

的是，這次無法以三個算式中的其中之一當作其餘算式的基準式了。

　我們必須計算這些題目的理由為何呢？在剛開始學除法時，孩子很容易把商數看作是絕對的數量。但是在計算這些數字都不同、答案卻相同的題目時，他將會明確地知道商數不僅是絕對數量的概念，同時也意味著「組數」或「每組的數量」。

算算這些題目的
商數吧！

算算看除法

• 請作答三道算式後，說明它們的商數有何不同。

40 ÷ 4=＿＿	20 ÷ 4=＿＿	8 ÷ 4=＿＿	4 ÷ 4=＿＿
80 ÷ 8=＿＿	40 ÷ 8=＿＿	16 ÷ 8=＿＿	8 ÷ 8=＿＿
70 ÷ 7=＿＿	35 ÷ 7=＿＿	14 ÷ 7=＿＿	7 ÷ 7=＿＿

30 ÷ 3=＿＿	15 ÷ 3=＿＿	6 ÷ 3=＿＿	3 ÷ 3=＿＿
60 ÷ 6=＿＿	30 ÷ 6=＿＿	12 ÷ 6=＿＿	6 ÷ 6=＿＿
90 ÷ 9=＿＿	45 ÷ 9=＿＿	18 ÷ 9=＿＿	9 ÷ 9=＿＿

　我們先來看看第一個題組吧！孩子計算 40÷4 = 10 時，很容易解讀成「40 除以 4 等於『絕對值』10」，這與「40 除以 4 等於 10 組」或「40 分為 4 等份的量為每組 10 個」的概念，有相當大的差異。因此，每當孩子算出題組的答案時，請家長舉一個日常生活中會遇到的情境為例，以口頭說明清楚。

「將 40 以每 4 個為單位分組的話，會有 10 組呢！不過 80 以每 8 個為單位分組，也是 10 組；70 以每 7 個為單位分組，一樣是 10 組耶！原來所有的商數都是 10。為什麼會這樣呢？

我們來想像看看，假設今天是你的生日派對，你想邀請 9 位朋友，包含你自己的話是 10 個人。媽媽總共準備了 40 個杯子蛋糕、80 份果凍、70 顆櫻桃。請你幫忙在盤子上各放 4 個杯子蛋糕、8 份果凍和 7 顆櫻桃，那總共會需要幾個盤子呢？神奇的是，杯子蛋糕、果凍和櫻桃，全部都需要 10 個盤子。所以我們可以把 40 除以 4 等於 10，想成是把 40 平分為每 4 個一組，總共有 10 組的意思。

我們也可以這樣想──請你把 40 個杯子蛋糕平分到 4 個盤子上，那每個盤子會有幾個杯子蛋糕呢？沒錯，每個盤子會分到 10 個。所以 40 除以 4 等於 10，也可以是把 40 分成 4 組，每組會有 10 個的意思。而且，我們把 80 份果凍分成每盤 8 份的話，也會需要 10 個盤子！」

比較乘法與除法的大小

　　現在請指導孩子練習在九九乘法範圍內的乘法、除法比大小，讓他比較看看左邊與右邊，再填上不等號或等號。

　　比較大小的目的，主要有兩個。

　　第一，讓孩子對目前學過的乘法與除法特性，有更深與更廣的掌握度。透過不直接計算，僅憑著左右兩邊數字的大小推估答案的過程，可以深化、廣化孩子對運算特性的理解度。第二，比較大小也是另一種練習「推估」的方法。在學習三年級以上運算課程時，孩子最需要的能力是推估的能力。其實我們從之前就一直持續練習推估的方法。在計算 875÷19 這個題目時，不太熟悉推估計算法的學生，會為了算出 87 是 19 的幾倍，而用乘法計算好幾次。

　　相反地，如果對於推估計算已很熟練了，就會將 19 看作是 10 的倍數中與 19 最接近的 20，把 87 當作是 90，於是推導出 4 這個答案。

換句話說，當除法的數字越大，推估計算能力對解題時間、準確性的影響也就越顯著。

在此階段出現的乘法與除法比大小題目，其實就算只用九九乘法也能輕鬆解題。然而，無論是乘法或除法，只要數字稍微變大，就很難利用九九乘法算出答案了。因此，請避免讓孩子在計算此階段的題目時，使用九九乘法一一計算出答案。請引導他先看過整個算式，再以推估計算法，判斷左右兩者中何者較大或是一樣大。

比較乘法的大小

首先，請準備一張 A4 白紙或空筆記頁，指導孩子依據題目的情境畫圖，然後回答下一頁的題目。數線上的數字只要標記到 100 就足夠了。這項習題，為的是讓孩子在數線上畫出題目的情境，並求出空格中所有的數字。請要求孩子不要以背出九九乘法的「四一四、四二八……」的方式計算。

孩子在剛開始計算這些題目時可能會不知所措，因為答案不只有一個，而且看起來很抽象。但如果他在數線上跳躍計數的話，即可輕鬆求出解答。若想找出滿足「某數乘以 2 後比 20 小」的算式，該怎麼做呢？因為可以將 ×2 解讀為跳躍計數 2 次的意思，所以只要

請試著
運用數線～

請找出滿足此算式的數字

• 請寫出所有適合填入空格的數字吧！

.... × 2 < 20	.... × 3 < 25	.... × 4 < 30	.... × 7 < 40

.... × 4 < 40	.... × 6 < 50	.... × 8 < 60	.... × 7 < 40

在 20 之前做跳躍計數，就能得到答案了吧？請要求孩子自行做一次
跳躍計數。

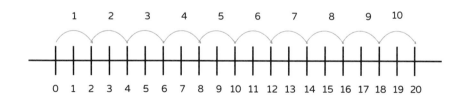

由於 20 以前的數可以做 10 次跳躍計數，因此從 1 到 9 都可作為答案。若是 ＿×4<30 這個式子，則以 4 為單位跳躍計數的話，就只能跳 7 次，因為跳第 8 次時，就跳到 32 了。所以，答案是 1、2、3、4、5、6、7。

比大小

題目裡
有提示哦！

- 哪一邊的值比較大呢？請以＜、＞或＝標示出來！

4×3 ⋯⋯ 2×6	2×7 ⋯⋯ 4×7	10×1 ⋯⋯ 5×2	4 ×5 ⋯⋯ 3×6
5×3 ⋯⋯ 6×2	3×6 ⋯⋯ 3×8	10×2 ⋯⋯ 5×4	6 ×5 ⋯⋯ 5×6
4×4 ⋯⋯ 3×6	4×5 ⋯⋯ 2×9	10×3 ⋯⋯ 5×6	8 ×5 ⋯⋯ 7×6
4×5 ⋯⋯ 6×3	5×4 ⋯⋯ 1×10	10×4 ⋯⋯ 5×8	10×5 ⋯⋯ 9×6

下一道題目中空格的左右兩側都有算式，為的是讓孩子推估兩道算式中何者的值較大。

比如說，在比較 4×3 與 2×6 時該怎麼做呢？請先別利用九九乘法的「四三十二」口訣計算，而是先觀察和掌握算式整體。仔細看看 4×3 和 2×6，會發現乘法符號左邊的數字，從 4 減半成了 2，而符號右邊的數字，則從 3 變成 2 倍的 6，於是兩道式子的值是相等的。這正是先前在乘法課程中學過的概念啊！請和孩子一起畫圖確

認看看。此時多練習以 5 或 10 為準進行思考的話，將會對未來更複雜的乘法運算有幫助。

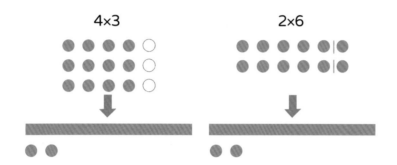

也就是說，我們可以將 4×3 看成是 3 個比 5 小 1 的數（5-1）的和，而 2×6 是 5 個 2（10）之外還需加上一個 2 的值。因為已透過圖畫確認過左右算式的值皆為 12，所以請在空格填上等號。接著請繼續依照此規則，推論出下方算式的大小。

5×3 比上方的 4×3 多一次 3，2×6 則和其上的 6×2 相等。當右邊算式的值與上方相同，而左邊算式又多了一個 3 時，即可得知左邊的值會比右邊大！

至於 4×4 則是比上方的 4×3 多一次 4 的值；3×6 則是比上方的 2×6 多一個 6 的值。由此可知，右邊的算式更大。

那麼，最下方的算式該如何推估大小呢？只要和上面的算式比較即可。4×5 是比 4×4 多加一次 4 的值，而 6×3 又與 3×6 相等，所

以兩式中的左邊算式較大。

你可能想問：「不對啊，明明用九九乘法計算更簡單，難道一定要這樣解題嗎？」我的答案是：「對！我們必須以這種方式練習計算！」

$$36 \times 5 \ldots\ldots 45 \times 4$$

這是三年級單元評量中出現的題型範例。我們該如何解這道題呢？

孩子通常都會利用考卷的空白處，將算式寫成直式來計算。他們會經歷先算出 36 和 5 的乘積，再算 45 與 4 的乘積，然後進行比較的複雜過程。但假如先觀察算式的整體，回想一下乘法的特性，再將數字分解的話，就能輕鬆寫出答案，而不需一一將乘積計算出來了。

$$36 \times 5 = 4 \times 9 \times 5$$
$$45 \times 4 = 5 \times 9 \times 4$$

將數字分解之後才發現，兩式的值根本相等！

若想如此簡單地解決這種困難的題型，那就得在此階段好好練習了。但這絕對不是要孩子僅為了計算特定題型而練習分解數字，而是因為分解數字和比較大小的能力，對於未來學習中高階數學如因式分解時，是絕對必備的能力，因此請千萬別任由孩子利用九九乘

法快速地解題。為了讓他能確實解決比較乘積大小的題型，請務必引導他先想想看、畫畫看，再分解數字。如此一來，孩子不僅學到掌握乘法數字的方法，也會養成往後面對更大、更複雜運算時，能夠解決問題的數學思維。

比較除法的大小

接著輪到比較除法大小的時候了。請先讓孩子從他覺得熟悉又簡單的 5 的乘積開始練習。

比大小

題目裡
有提示哦！

• 哪一邊的值比較大呢？請以＜、＞或＝標示出來！

28 ÷ 4 ⋯⋯ 5	18 ÷ 9 ⋯⋯ 5	24 ÷ 6 ⋯⋯ 5	28 ÷ 7 ⋯⋯ 5
24 ÷ 4 ⋯⋯ 5	45 ÷ 9 ⋯⋯ 5	30 ÷ 6 ⋯⋯ 5	35 ÷ 7 ⋯⋯ 5
20 ÷ 4 ⋯⋯ 5	63 ÷ 9 ⋯⋯ 6	36 ÷ 6 ⋯⋯ 6	42 ÷ 7 ⋯⋯ 6
16 ÷ 4 ⋯⋯ 5	81 ÷ 9 ⋯⋯ 6	42 ÷ 6 ⋯⋯ 6	49 ÷ 7 ⋯⋯ 6

孩子遇到這類題型，難免會邊想著九九乘法口訣「四七二十八！7比 5 大！」邊解題。但這麼做的話，將無法達到學習除法原理與推估答案訣竅的目的。以下舉最左邊的題目為例，說明指導孩子的方法。

請先讓他好好觀察這四道算式，引導他思考先算出其中哪道算式最適當，這之中有正好能整除 5 的式子。

因為 $20 \div 4 = 5$，所以我們可填入等號。其餘的式子就能以這道算式為準來判斷大小了。

$24 \div 4$ 中的 24 是比 20 大 4 的數，因此除以 4 時會是比 20 大一組的數，於是我們可得出 $24 \div 4 > 5$ 的答案。請協助孩子從已作答的式子推導出解答。在這過程中，他也會自然而然地明白商數會如何隨著被除數、除數變大或變小而改變。

下一道題目稍有難度，在空格的左右兩邊都各有算式。

沒問題，
你可以的！

比大小

• 哪一邊的值比較大呢？請以＜、＞或＝標示出來！

$24 \div 3$ ... $24 \div 6$	$10 \div 5$ ... $20 \div 5$	$24 \div 6$ ... $24 \div 8$	$60 \div 6$ ... $40 \div 4$
$12 \div 4$ ... $12 \div 3$	$10 \div 10$ ... $20 \div 10$	$28 \div 7$ ... $21 \div 7$	$40 \div 8$ ... $20 \div 5$
$6 \div 4$ ... $6 \div 2$	$10 \div 2$ ... $20 \div 2$	$32 \div 8$ ... $18 \div 6$	$20 \div 4$ ... $10 \div 2$

若除法符號對孩子來說仍太困難，可以編一個淺顯易懂的故事來引起他共鳴，幫助解題：

「你想想看把 24 個巧克力分給 3 個人，和分給 6 個人吃的情況；分給 3 個人吃的時候，是不是每個人能吃到的巧克力會更多呢？」

這些題組是為了讓孩子理解計算除法時，當被除數相同，除數變大或變小將會造成什麼結果。在解題過程中，他們會學到商數會如何隨著除法式中數字的變化而改變。假如他們已對此相當熟練的話，就能輕易回答三年級課程中的最高級運算——「不經計算比較大小」這種題型了。此外，為了往後能解決更複雜的除法題和理解分數概念，練習分解數字與比較除法大小的過程，對孩子而言是絕對必要的。

有「餘數」的除法

在德國時，孩子是從「配對遊戲」開始建立對有餘數除法的概念。所謂的配對遊戲，指的是學生們一起牽手、唱歌，一邊繞著圈走，當老師喊出一個人數時，他們就得找到符合該人數的夥伴。請引導孩子以這種在體育課親自參與過的活動為基礎進行思考。

大家都曾有過因為找不到搭檔而變成「餘數」的親身經歷，對吧？請向孩子解釋，那些因為找不到夥伴而落單的同學，在除法中就稱作「餘數」，並教他如何寫出有餘數的除法算式。如果將 20 個人分為每 3 個人一組，就會產生 6 組和 2 位落單的人，於是學生可藉此第一次學到以算式 $20 \div 3 = 6 \cdots 2$ 表現此情境。若孩子已玩過配對遊戲，請依前述方式向他說明；假如他想不起來當時的情況或是還沒有經驗，不妨以和朋友分享餅乾的情境為例。

「這裡有 20 片餅乾，如果要讓 3 個人平均分到餅乾，該怎麼分配

呢？我們先分給每個人 6 片好了。啊，但是還剩下 2 片。這剩下的數就是『餘數』。」

親自寫出乘法式與除法式

如果孩子已從故事中大致掌握了餘數的意義，接下來可讓他根據指定的題目寫出相應的乘法式與除法式，並建立對乘除法的概念。下列題目中所有的餅乾個數皆為 27 片。以各種不同個數為單位將 27 分組時，請和孩子一起討論如何以乘法表達，以及在除法的情況下，組數與餘數會怎麼變化。

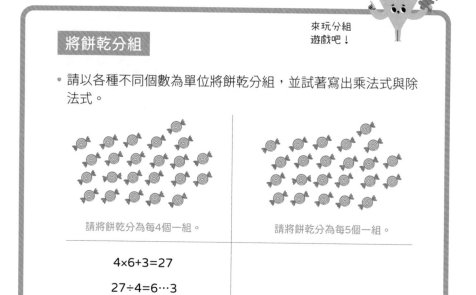

來玩分組遊戲吧！

將餅乾分組

• 請以各種不同個數為單位將餅乾分組，並試著寫出乘法式與除法式。

請將餅乾分為每4個一組。

請將餅乾分為每5個一組。

$4 \times 6 + 3 = 27$

$27 \div 4 = 6 \cdots 3$

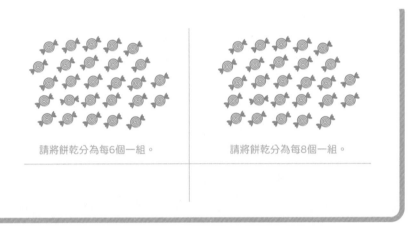

請將餅乾分為每6個一組。　　　　請將餅乾分為每8個一組。

請舉上頁左上的圖為例，向孩子這麼說明。

「可以數數看總共有多少個嗎？（等他都數完了）沒錯，總共有27個耶！如果我們把餅乾分成每4個一組，總共有幾組？對，總共有6組。這3個因為比4小，所以不能成為一組。所以27個分成每4個一組的話，可以分成6組，剩下3個。現在試試看分成每5個、每6個和每8個一組吧！也順便觀察看看，當每組分配到的數量變大時，商數會怎麼變化。」

至於其餘的題目，請讓孩子自行計算看看。

若孩子順利解決完這些題目，即可進入下個階段，不僅是幫助他建立對除法餘數的認知，也能以圖像的方式讓他對除數與商數的理解更清晰。

以下的藍色圓圈總數，同樣都是 19 個。觀察看看這些圓圈分別以不同數量為單位分組時，其商數與餘數將會如何變化，並同時掌握除法與餘數的概念。

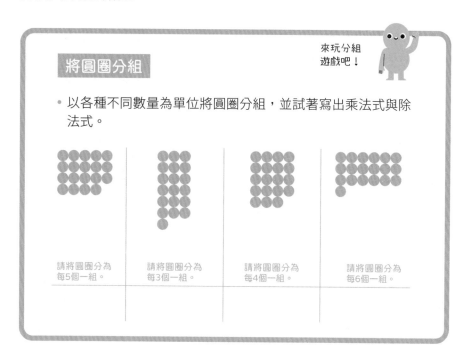

將圓圈分組

來玩分組遊戲吧！

• 以各種不同數量為單位將圓圈分組，並試著寫出乘法式與除法式。

請將圓圈分為每5個一組。

請將圓圈分為每3個一組。

請將圓圈分為每4個一組。

請將圓圈分為每6個一組。

不以圖像輔助寫出乘法與除法式

接下來，請在不借助圖像輔助的情況下，讓孩子僅利用算式計算出有餘數的除法題。我們先從非常簡單的題目開始，首先介紹能幫助孩子認知到「餘數恆小於除數」此事實的題組，這是在最高級進

階題本中會頻繁應用到的概念。與其透過困難的題目認識困難的概念，不如透過簡單的題目輕鬆地理解。

餘數應該有點傷心吧？

算算看各種除法式

• 來算算看除法吧！餘數會如何變化呢？

6 ÷ 2 = _____	9 ÷ 3 = _____	20 ÷ 4 = _____	10 ÷ 5 = _____
7 ÷ 2 = _____	10 ÷ 3 = _____	21 ÷ 4 = _____	11 ÷ 5 = _____
8 ÷ 2 = _____	11 ÷ 3 = _____	22 ÷ 4 = _____	12 ÷ 5 = _____
9 ÷ 2 = _____	12 ÷ 3 = _____	23 ÷ 4 = _____	13 ÷ 5 = _____
10 ÷ 2 = _____	13 ÷ 3 = _____	24 ÷ 4 = _____	14 ÷ 5 = _____

比如說，在計算最左邊除以 2 的題組時，可以發現商數會隨著被除數越大，而以 3－3－4－4－5 的順序隨之變大；且餘數若不是 1 就是 0。因為 2 個即可成一組，因此餘數必定會小於除數。這對成人而言雖是理所當然的道理，但對孩子來說卻是有些困難的概念。每當他們在計算新的題組時，請引導他們觀察商數和餘數的變化，並一起討論看看，幫助他們領悟此現象。

相反地，下一頁的題目中，被除數為固定不變，而除數則是以 1 的差距遞次變大。孩子在觀察商數和餘數隨著前後的數字變化時，將會對除法有更深一層的理解。

我們先觀察一道題組，確認看看整體而言有何共通點和差異點。
此時若利用孩子熟悉的元素和情境舉例說明，他會更容易理解。

算算看各種除法式

• 來算算看除法吧！餘數會如何變化呢？

10 ÷ 2 = _____	20 ÷ 3 = _____	30 ÷ 4 = _____	40 ÷ 5 = _____
10 ÷ 3 = _____	20 ÷ 4 = _____	30 ÷ 5 = _____	40 ÷ 6 = _____
10 ÷ 4 = _____	20 ÷ 5 = _____	30 ÷ 6 = _____	40 ÷ 7 = _____
10 ÷ 5 = _____	20 ÷ 6 = _____	30 ÷ 7 = _____	40 ÷ 8 = _____
10 ÷ 6 = _____	20 ÷ 7 = _____	30 ÷ 8 = _____	40 ÷ 9 = _____

15 ÷ 2 = _____	16 ÷ 3 = _____	17 ÷ 4 = _____	18 ÷ 5 = _____
15 ÷ 3 = _____	16 ÷ 4 = _____	17 ÷ 5 = _____	18 ÷ 6 = _____
15 ÷ 4 = _____	16 ÷ 5 = _____	17 ÷ 6 = _____	18 ÷ 7 = _____
15 ÷ 5 = _____	16 ÷ 6 = _____	17 ÷ 7 = _____	18 ÷ 8 = _____
15 ÷ 6 = _____	16 ÷ 7 = _____	17 ÷ 8 = _____	18 ÷ 9 = _____

可以向孩子如此說明：

「被除數一樣都是 10，但每個除數都比上一個大 1 耶。這就和我
們把 10 顆糖果分給 2 個人、3 個人、4 個人、5 個人、6 個人是一

樣的意思。糖果的數量只有這些，但要吃糖果的朋友卻漸漸變多的話，結果會怎樣呢？沒錯，你能吃到的糖果數量，就會漸漸變少。

而且因為必須平均分給每個人，所以會出現因無法分配而剩下的糖果。我們來算算看好嗎？」

計算過後，再觀察看看商數和餘數，並確認被除數維持不變，當除數越大，商數就會越小，以及餘數恆小於除數的事實。

親自寫寫看除法算式

如果到這邊都理解了，接著看看與以往思考過程截然不同，必須依據「指定的餘數」的出題吧！單純計算式子與自己寫出算式的思考過程，以腦科學角度而言，有著天壤之別。前者是以被動的解題者角度看待題目，而後者則是從主動的出題者角度面對題目。假如從小開始做這種練習，即可培養能夠掌握出題者意圖的習慣，往後即使面對第一次碰到的難題，孩子也能迎刃而解。

第一次遇到這種題目的孩子應該會很不知所措，請給他們足夠的時間，耐心等待。接著，給他們一個簡單的例子，例如日常中容易遇到的情境。

試著自己
出題吧！

親自寫出除法式

• 請寫出符合指定條件的除法吧！

餘數為2的除法

_____ ÷ _____ = _____ …2

_____ ÷ _____ = _____ …2

_____ ÷ _____ = _____ …2

餘數為3的除法

_____ ÷ _____ = _____ …3

_____ ÷ _____ = _____ …3

_____ ÷ _____ = _____ …3

餘數為4的除法

_____ ÷ _____ = _____ …4

_____ ÷ _____ = _____ …4

_____ ÷ _____ = _____ …4

餘數為5的除法

_____ ÷ _____ = _____ …5

_____ ÷ _____ = _____ …5

_____ ÷ _____ = _____ …5

「如果把 8 顆糖果分給 3 個人的話，會剩下幾顆呢？」

如此一來，孩子就會從這開始慢慢思考這道題目。透過這道題目，他們將會理解「餘數恆小於除數」，以及使用除法和乘法，在實際解題時應用這些概念。

那麼除法篇的最後，就以有餘數的除法畫下句點了。我們已好好觀察過隨著前後數字改變的商數變化、餘數的特徵等除法重要概念

了，對吧？

　　以此概念為基礎，孩子將會從德國三年級課程開始，正式透過數的分解學習除法——請別擔心，已學好除法概念的孩子，無論遇到何種除法，都不會感到害怕的！

· 二年級後的運算教學方向 ·

只要能正確理解
就通了

到這裡，我們已仔細審視過加、減、乘、除運算的核心概念，以及該如何教導孩子的方法了，大家辛苦了！

好不容易走到這步的孩子，這時應該已徹底理解運算的概念和原理了。因此，他們分析數字的眼力，即所謂的數感，相信也變得敏銳多了吧？之所以必須走過這漫長的旅程，正是為此。

如果孩子依照德式學習法，好好掌握了四則運算的基本概念，往後即使遇到更多位數的運算或不同的數字型態時，相信他也不會太過慌張，還能運用已知的方法輕鬆地學習。而且，一旦孩子開始覺得數學其實很容易、不難學，他們也會在其他領域表現得很好。

那麼，對於三年級以後的運算學習，最重要的是什麼呢？

第一，請確實地掌握概念。

　　無論如何，最重要的是對概念的理解，而非解題。為了說明這個道理，這裡再次舉第一章中曾提過的分數為例，孩子們為何會覺得分數很困難呢？

　　首先，因為分數本身對孩子來說，是很困難的抽象概念。與二年級不同的是，這時會充斥分數、分母、分子、假分數、真分數、帶分數等概念。在如此混亂的情況下，如果孩子先前沒打好除法的基礎，是絕對無法學好分數的。因為數學是一個必須掌握好上個階段，才能進入下個階段的學科。

　　然而，國小數學中，即使不太理解概念，也能利用解題技巧算出答案的陷阱，可謂比比皆是。尤其學習除法時，有很多可使用九九乘法迅速解題的情況。而且聰明的孩子運用這種技巧快速跳過解題的情形很常見，於是在對除法概念似懂非懂的狀態下，遇到分數時就會感到十分迷惘。

　　分數之所以困難的另一個原因，不只是除法，孩子可能連加、減、乘法的運算都沒學好，而由於分數本身特性的關係，一道題目會牽涉很多種運算。我們先來看看這道出現在四年級下學期的「帶分數減假分數」題目。

$$5\frac{2}{7} - \frac{19}{7}$$

想求出這題的答案，首先須用乘法和加法，將帶分數變成假分數，接著在分子相減的過程中，進行涉及借位的二位數減法（37-19），最後為了再次轉換成帶分數，必須進行有餘數的除法計算（18÷7）。其實這都是在一、二年級時學過的內容。然而，若孩子在將帶分數轉換成假分數時無法心算，而必須將算式寫出來，或是無法用橫式計算二位數，而須改成直式計算時，會出現什麼情況呢？他們勢必會覺得計算變得更複雜了。

因此，為了讓孩子在遇到分數時不會感到迷惘，我們從一開始就必須對分數的概念與名詞多費一點心思，並且明確地向孩子解釋「分數是除法的另一種型態」。也請協助他以手眼並用的方式充分掌握好除法的核心概念——「將全部數量平均分配」與「商數」。

1/4 與 1÷4 只是外觀不同罷了，概念上其實是相同的。假如在這過程中發現孩子對概念的理解不完整，請帶領他回頭練習此前的課程，例如合成、分解、分組計數等。分數並不是突然冒出的四則運算，而是以已知運算為基礎的概念，一旦孩子確實建立好對分數的認知，就能準確迅速地計算了。

從這層意義來看，解題時重要的並非能夠算出答案，而是他們能否正確地運用所學的概念。

因此，請詢問孩子是如何算出答案，並確認他是否真正理解了概

念（順帶一提，德國小學會安排報告與討論的時間，讓學生自然而然地進行這樣的過程）。

不僅是分數或小數，在學習幾何與度量等孩子會感到困難的領域時也一樣。請幫助他們對這些概念的理解，能透澈到足以向父母解釋原理的程度——這比起進度超前或練習解題都來得更重要。

第二，請培養敏銳的數感。

以數學而言，在十進位的基礎上培養數感是相當重要的，懂得駕馭數字的孩子，即使數的位數增加或型態改變了，也能處變不驚。而這種能力將能在解題時，尤其是計算位數很大的乘除法運算時，會變得特別耀眼。無論多大的數，他都能分解或轉換成自己能理解的型態，並利用數字進行推估，依據題目增減數值，找出易於計算的數。把計算過程簡化後，他不僅能節省解題時間，更提高了準確度，輕鬆地完成運算，將更多的時間投資在其他需要思考的部分上。

如果在一、二年級時，扎扎實實地依照德式學習法進行，孩子將能確實理解位值的概念。只要按照本書的方法多練習駕馭數字的方法，他看到數字時就會「有感覺」，而看到題目時便會想出解方。這樣的感覺並非偶然萌生，而是透過練習所形成的。

最後，請相信孩子、鼓勵孩子。

從三年級開始，學生投注在每一道題目的努力是很可觀的。因此，別將他們的目標設為每天必須計算多少題目——練習的題目數量不用多，重要的是能正確使用概念。請給他們時間，慢慢地靠自己算出答案。

從家長的角度來看，可能會因為他沒算多少題而感到不安；也可能會認為如果要減少錯誤，孩子必須練習很多題目才行。不過，即使可能會花費更多時間，他也得一步一步地解題，並在過程中完整掌握概念。比起練習計算很多題目，更重要的是即使只做少量的練習，孩子也能從中得到一些收穫。唯有給予孩子自行慢慢計算的時間，他們才能從少少的題目中，漸漸累積獨立解決問題後感受到「我做到了」的正向經驗。如此一來，他們對數學產生的情緒就會變得更正面，並認為數學「不算太難」，進而提升成就感與自信心。請務必銘記德國小學生對數學的興趣和自信在全球皆名列前茅的原因，並相信孩子、鼓勵孩子。

如果孩子徹底掌了概念、懂得駕馭數字的方法，也樂於學習數學，往後的課程對他來說都不成問題。好好理解數學原理的孩子，就能輕鬆算數學！

掌握概念，
即擁有解題的能力

　　以上詳細介紹了德式四則運算學習法，在這不算短的篇幅裡，我企圖透過文字傳達「德式四則運算學習法的關鍵」，而這可以濃縮成下列這句話：

　　「掌握了概念，即擁有解題的能力。」

　　書中提到德國時，並不會出現像是高斯或尤拉這種天才數學家才能解決的高難度題目，而是簡單甚至是有趣的題目。先系統性地整理出這些簡單的題目，再藉此讓學生確實理解困難的概念，這正是德式教科書的奧妙。

　　我們家的老大在結束德國小學三年級課程後，曾寫過在韓國熱賣的進階試題本，都能順利算出答案——這證明了無論是進階題或數學思維，只要能徹底打好數學基本概念的基礎，孩子就能從容地自

行解決。

孩子明明學得很輕鬆，卻能解決困難的問題，這不是很神奇嗎？這是因為大多數人誤以為「如果要解決困難的題目，就該透過困難的方式學習才行」。

自從我接觸德式四則運算學習法後，便只專注於基本概念的教學，因為所有的題目最終都是從基本概念出發的。重要的是養成先確實理解概念，並在每次解題前都先思考該如何解決的習慣。指導孩子時，我也將這兩個部分設定為最重要的教學重點。即便只是謹記這兩點並實踐之，孩子在學習數學時也會更順利；而好好依照德式四則運算學習法學習的話，甚至會變得更輕鬆簡單。

我撰寫此書的初衷，是希望讓原本一說到數學就哀號的孩子們，能在算數學時重拾笑顏，我期盼遇見這本書的所有親子都能親身見證輕鬆學習、順利解題的奇蹟。

最後，我想感謝體諒媽媽的孩子們，願意計算媽媽為寫書而出的題目與各種數學思維、進階數學題本；同時，也要感謝一直在身旁稱讚、鼓勵我的丈夫，為了提高本書完整性，從腦科學觀點給了許多建議，和我一起研究課本和審視書稿。此外，也要向那些在本書出版前，一直等候我的許多網友致上謝意。

推薦德式四則運算
的理由

崔尚千／腦科學博士

　　各位讀者大家好，我是本書作者車知惠的丈夫，擁有數學碩士與腦科學博士學位，擔綱從數學和腦科學層面審視本書的角色。

　　我們家之所以會接觸德式四則運算，其實是因為我的緣故。由於我曾在企業裡從事人工智慧相關工作，在 2018 年時為了針對腦科學與人工智慧進行更深入的研究，決定在德國的馬克斯普朗克研究院攻讀博士學位；家人因此展開了在德國圖賓根的生活，孩子也在此接受德國教育，而在遇見了德式四則運算後，他們開始發光發亮。目前，大兒子正接受德國的資優教育（Hector Kinder-Academie），而小三歲的女兒則是早一年跳級到二年級。

　　我非常想和閱讀本書的讀者們說：

　　數學就像是時鐘的齒輪般，是前、後必須完美咬合的學科。唯有

小齒輪正常轉動時，與之連接的大齒輪才得以運作。假如小齒輪無法正常運轉，就擅自轉動大齒輪的話，我們便無法使用「數學」這個時鐘。由於數學並不是一門能夠分節、分段各別學習的學問，必須依序學習各階段，才能更深入瞭解之後的進階概念。這是本書以四則運算為主題的最重要原因。

孩子必須在小學確實學好運算基本原理，升上國、高中後，才能自然、輕鬆地理解進階概念。舉例來說，加法與減法是理解積分和微分時所需要的最基本概念。把最小單位的數字先切分成極小單位後再加總，即是積分的概念；而只保留經切分後的其中一部分，捨去其餘部分，就是微分的概念。因此孩子必須在小學時明確地瞭解加減法的概念，高中時才能正確理解微積分。然而，如果像許多小學生般僅依照題本單純地計算，那是絕對無法完整學好加法與減法概念的。德國小學的課程，並不會強迫孩子練習單純的計算，反而是引導孩子在解題過程中，自然學習數字系統（十進位）、數感和運算概念。相信讀者在閱讀本書時，也能感覺到德國數學教育是以孩童對數字系統的理解為基礎，進行運算原理的教學，讓孩子秉持堅定的自信解決問題。

身為一個腦科學學者與父親，我認為依照德國課本學習的孩子的大腦應該會大有不同。已習慣以片段記憶的方式算數學的孩子，其大腦只會運用到相應功能所需的一小部分。但強調全面性理解的德

國課程，能夠引導孩子使用全部的大腦，所以依照德國方式學習的話，他們將會習慣運用大腦的全部進行綜合思考——社會不斷強調的「綜合思考能力」，是可以透過德國課本的學習法養成的。

越是研究本書中介紹的德式四則運算，我越能理解為何德國學童很擅長數學和科學，而且能與美國同樣成為獲得最多諾貝爾獎的國家之一。如此令人驚豔的運算世界，我期盼各位讀者也能與孩子一起學習、一起經歷。

德式四則運算學習法的實用工具包
下載檔案後，請和孩子一起愉快地學習吧！

國家圖書館出版品預行編目資料

數感邏輯力！教出孩子的數理腦：德國小學的四則運算遊戲，讓孩子輕鬆理解、
有效學習！ / 車知惠著；劉宛昀譯 . -- 初版 . -- 臺北市：日月文化，2024.04
304 面；16.7*23 公分 . --（高 EQ 父母；99）
譯自：수학원리를 제대로 배운 아이는 쉽게 계산합니다
ISBN 978-626-7405-42-0（平裝）
1. 數學教育　2. 小學教學
523.32　　　　　　　　　　　　　　　　　113002105

高 EQ 父母 99

數感邏輯力！教出孩子的數理腦

德國小學的四則運算遊戲，讓孩子輕鬆理解、有效學習！

수학원리를 제대로 배운 아이는 쉽게 계산합니다

作　　者：車知惠（차지혜）
譯　　者：劉宛昀
主　　編：俞聖柔
校　　對：俞聖柔、魏秋綢
封面設計：水青子
美術設計：LittleWork 編輯設計室

發 行 人：洪祺祥
副總經理：洪偉傑
副總編輯：謝美玲
法律顧問：建大法律事務所
財務顧問：高威會計師事務所
出　　版：日月文化出版股份有限公司
製　　作：大好書屋
地　　址：台北市信義路三段 151 號 8 樓
電　　話：(02)2708-5509　傳　真：(02)2708-6157
客服信箱：service@heliopolis.com.tw
網　　址：www.heliopolis.com.tw
郵撥帳號：19716071 日月文化出版股份有限公司

總 經 銷：聯合發行股份有限公司
電　　話：(02)2917-8022　傳　真：(02)2915-7212
印　　刷：軒承彩色印刷製版股份有限公司
初　　版：2024 年 4 月
定　　價：450 元
Ｉ Ｓ Ｂ Ｎ：978-626-7405-42-0

수학원리를 제대로 배운 아이는 쉽게 계산합니다 : 수학에 강한 아이를 만드는 독일 교과서식
사칙연산 곱셈구구
Copyright © 2022 by Jihye Cha
Published by arrangement with Bluemoose Books.
All rights reserved
Taiwan mandarin translation copyright © 2024 by Heliopolis Culture Group Co., Ltd.
Taiwan mandarin translation rights arranged with Bluemoose Books.
through M.J. Agency.

日月文化集團
HELIOPOLIS
CULTURE GROUP

客服專線 02-2708-5509
客服傳真 02-2708-6157
客服信箱 service@heliopolis.com.tw

日月文化集團 讀者服務部 收

10658 台北市信義路三段151號8樓

對折黏貼後，即可直接郵寄

日月文化網址：**www.heliopolis.com.tw**

最新消息、活動，請參考 FB 粉絲團

大量訂購，另有折扣優惠，請洽客服中心（詳見本頁上方所示連絡方式）。

| 大好書屋 | 寶鼎出版 | 山岳文化 |

| EZ TALK | EZ Japan | EZ Korea |

大好書屋・寶鼎出版・山岳文化・洪圖出版　EZ叢書館　EZ Korea　EZ TALK　EZ Japan

感謝您購買 _____ 數感邏輯力！教出孩子的數理腦

為提供完整服務與快速資訊，請詳細填寫以下資料，傳真至02-2708-6157或免貼郵票寄回，我們將不定期提供您最新資訊及最新優惠。

1. 姓名：_____ 性別：□男　　□女

2. 生日：_____年_____月_____日　職業：_____

3. 電話：（請務必填寫一種聯絡方式）

   （日）_____（夜）_____（手機）_____

4. 地址：□□□

5. 電子信箱：_____

6. 您從何處購買此書？□_____縣/市_____書店/量販超商

   □_____網路書店　□書展　□郵購　□其他

7. 您何時購買此書？　　年　　月　　日

8. 您購買此書的原因：（可複選）

   □對書的主題有興趣　　□作者　　□出版社　　□工作所需　　□生活所需

   □資訊豐富　　□價格合理（若不合理，您覺得合理價格應為_____）

   □封面/版面編排　　□其他_____

9. 您從何處得知這本書的消息：　□書店　□網路／電子報　□量販超商　□報紙

   □雜誌　□廣播　□電視　□他人推薦　□其他

10. 您對本書的評價：（1.非常滿意 2.滿意 3.普通 4.不滿意 5.非常不滿意）

    書名_____內容_____封面設計_____版面編排_____文/譯筆_____

11. 您通常以何種方式購書？□書店　□網路　□傳真訂購　□郵政劃撥　□其他

12. 您最喜歡在何處買書？

    □_____縣/市_____書店/量販超商　　□網路書店

13. 您希望我們未來出版何種主題的書？_____

14. 您認為本書還須改進的地方？提供我們的建議？

    _____
    _____
    _____
    _____

生命，
因家庭而大好！